青少年
教育宝典

# 现在不努力，凭什么谈未来

NOW
FUTURE

迟晚晚 著

中国和平出版社
China Peace Publishing House
北京

图书在版编目（CIP）数据

现在不努力，凭什么谈未来 / 迟晚晚著. -- 北京：中国和平出版社，2021.1（2023.10重印）
（青少年教育宝典）
ISBN 978-7-5137-1825-7

Ⅰ. ①现… Ⅱ. ①迟… Ⅲ. ①成功心理—青少年读物 Ⅳ. ①B848.4-49

中国版本图书馆CIP数据核字(2020)第131261号

青少年教育宝典　现在不努力，凭什么谈未来　迟晚晚 / 著

编辑统筹　张春杰
责任编辑　肖惠蕾
责任印务　魏国荣
出版发行　中国和平出版社（北京市海淀区花园路甲13号院7号楼10层 100088）
　　　　　www.hpbook.com　hpbook@hpbook.com
出 版 人　林　云
经　　销　全国各地书店
印　　刷　湖北鄂南新华印刷包装股份有限公司
开　　本　880mm×1230mm　1/32
印　　张　4.75
字　　数　146千字
版　　次　2021年1月第1版　2023年10月第2次印刷
书　　号　ISBN 978-7-5137-1825-7
定　　价　118.80元（全6册）

# 前言
# Foreword

梦想是一束光，它会冲破黑暗，给人前进的方向；它承载着人们的热血与希望，在人们颓废时激励人们奋起，在人们失意时给予人们信仰；它会静静地守护在人们的身边，告诉人们，什么才是真正意义上的成长。

作为一名青少年,应该趁早树立属于自己的梦想和目标，和那个叛逆的自己说再见。要知道，叛逆并不是青春的代名词，真正的青春应该是朝气蓬勃的、有所追求的，只有积极乐观地面对一切，才不枉最美好的青春时光。

除了学识和才华，剩下的一切都有可能离你远去。在日新月异的今天，想要优于常人，唯一的做法就是用实力证明自己的能力和价值，而学习就是挖掘潜能的最好方式。当潜能得到激发，天赋就会显现出来。

珍惜每一分、每一秒。成功绝非偶然，而是努力过后产生的必然结果，当面临选择的时候，必须要尽快做出取舍。坚持应该坚持的，放弃应该放弃的。有目的地做出抉择，是有效利用时间的最好方式。

拒绝懒惰，做一个自律的人。即便没有人监督，也要严于律己，把被动变成主动，自觉地去做应该做的事情。同时，要敢于挑战自己、突破自己，不要总是觉得自己比别人差，很多时候，做得到还是做不到只有做了以后才知道。

不要轻易地否定自己！明天的事，只有明天才知道。在一切没有变得美好之前，永远不要为“努力”二字画上句号。纵使没有人给你鼓掌，也要做自己的观众——信心满满地站在舞台上，高雅地仰起头，微笑着谢幕，并告诉自己，我很棒！

最重要的是，要明确属于自己的梦想，并为了梦想展开实际行动。花开花落，青春易逝。趁着青春正好，背上行囊朝着远方大步前行，纵使梦想的道路荆棘满布，也要鼓起勇气，一往无前。

梦想是那么的美好，可若不敢拼，一切都会化为泡影，不复存在。所以，即便伤过、痛过、哭过、挣扎过，也要持之以恒地坚持下去。不轻言放弃！不愧对承诺！相信，这个世界会因为你的梦想而变得与众不同。

船在海上，人在船上。亲爱的少年，即刻起让梦想之舟随风起航吧！任时光流转，撰写有关未来的唯美诗篇吧！

# 目录
# Contents

## 第一章
## 你是谁，你想成为谁，你能成为谁



## 第二章
## 时间可以成就一个人，也可以毁掉一个人

## 第三章 态度决定命运，细节决定成败



## 第四章 跳一跳，够得着

## 第五章 生命只有一次，要活得淋漓尽致



## 第六章 向着太阳，野蛮生长

# 内容简介

王子轩是个有点儿叛逆的男生，最喜欢玩游戏，最讨厌的东西是书，但偏偏他又是书店老板的独生子。暑假中，为了争取到一千元的零花钱，他“被迫”经营书店一个月，并在书店结识了许清风、姚娜、叶思雨、安心雅等性格迥异，但热爱读书的朋友。最后，在他们的帮助和引导下，他渐渐意识到了自身性格和心理上的缺陷，成了一个积极向上、敢于追梦的阳光男孩。

# 第一章
# 你是谁，你想成为谁，你能成为谁

## 你是不是他人口中的“叛逆少年”？

王子轩，十五岁，是一名初二的学生。如同雕刻一般有棱有角的脸上，浓密的眉毛总是叛逆地微微上扬，卷而翘的睫毛配上细长的桃花眼，再加上高挺英气的鼻子和薄薄的嘴唇，他整个人流露出王子一般的高雅气质。只是外表如此出众的他，在家人的眼中依旧是一个令人头疼的男生。

王子轩平日里最讨厌的一件事情就是“读书”，用他的话说，他和书一定上辈子有仇，所以，这辈子才会一看到书就头疼！但是命运弄人，他偏偏是书店老板的独生子，一想到他这辈子都和“书”有着不解之缘，他就懊恼地直跳脚。

这个暑假，王子轩和往常一样窝在家里玩游戏，只见王爸爸端着茶水走了进来。“王子轩！”王爸爸声音洪亮，说起话来总是一板一眼的，“从早上起床到现在，你就坐在电脑前玩游戏，你就不能做点儿别的？”

可正玩在兴头上的王子轩完全把王爸爸的话当作耳旁风，不理不睬不说，还疯狂地点击着鼠标，嘴巴里念念叨叨个不停：“上啊！快上啊！”

见况，王爸爸一把扯掉了电源线，加大了音量：“王子轩！我在和你说话！”

“爸！您这是在做什么！”王子轩猛地抬起头来，紧蹙的眉头皱成了一个“川”字，“我正‘团战’呢！”

“玩、玩、玩！整天就知道玩！”看着王子轩沉迷于游戏不知悔改的样子，王爸爸就气不打一处来，“你的暑假作业都做好了吗？功课都预习了吗？难道你不知道开学之后你就是初三的学生了吗？”

“爸！现在是放假，不是上学，如果放假还天天学习，那和上学有什么区别？”说着，王子轩从王爸爸的手里抢过电源线，“再说了，闲着也是闲着，我只是玩一会儿游戏罢了，又没有干坏事……”

“别以为我不知道，你的同学刘青云、陈睿良都在补习班里补习功课，只有你一个人整天无所事事，在家玩游戏。”说罢，王爸爸又气鼓鼓地加上了一句，“玩物丧志！”

“我们班又不止刘青云、陈睿良两个同学，不上补习班的同学多着呢……”嘀咕完这句话，王子轩重新打开了电脑，口气中带着一丝不耐烦，“爸！我已经长大了，我有自由分配时间的权利，您还是好好打理您的书店吧，不要总是在家里盯着我……”

“如果你足够自律，我才不会把时间花费在教训你身上呢！”王爸爸虽然说的是气话，但他实在是恨铁不成钢，“王子轩，你口口声声地说你已经长大了，但是在我眼里，你还是和以前一样——桀骜不驯、固执叛逆！你应该静下心来好好想一想，在你这个年纪，你究竟应该做些什么！”

“我应该做些什么？”王子轩反问道。

“好好学习，天天向上，把时间用在有意义的事情上，做一个懂事、识大体、有理想的少年。”王爸爸一字一顿，字字珠玑，“而不是像现在这样，把时间浪费在无聊的游戏上！玩游戏毫无意义！”

“玩游戏才不无聊呢……”王子轩狡辩道，“没有任何事情比玩游戏更有趣了。”

“你！”王爸爸嘭的一声把茶杯放在了电脑桌上。“从今天开始，我不许你再碰电脑！”说着，他一把扯下了鼠标线，“等你养成了良好的行为习惯和学习习惯之后，我再考虑把鼠标还给你。”

面对王爸爸的强势，王子轩是一肚子的委屈。本着“惹不起但躲得起”的心态，他即刻起身走出了家门，刚走出小区门口没几步，就碰上了下楼倒垃圾的孙智强。

孙智强是住在王子轩楼下的邻居，十八岁，是高二的学生。虽然他们平时是无话不说的“好哥们儿”，但是两个人的性格相差十万八千里——一个固执、叛逆，一个成熟、稳重。见王子轩黑着脸不说话，孙智强试探性地问道：“怎么了？和谁置气呢？”

“别提了！”王子轩耐着性子摆摆手，“还不是我那个‘多管闲事’的老爸！”

“王叔叔？”孙智强顿时明白了一二，“他今天又没有去书店？”

“从我放暑假开始，他天天都在家里盯着我，一会儿让我看书，一会儿让我学习。每次我一玩游戏，他就吹胡子瞪眼睛，把我从头到尾数落一番！刚刚更过分，竟然把我的鼠标线拔掉了！”王子轩越说越生气，干脆踢着路边的石头撒气，“再这样下去，我会疯掉的！”

“不至于吧……”孙智强倒觉得事情没有王子轩想象得那么严重，“在我看来，王叔叔所做的一切，都是为了你好……”

“为了我好？”王子轩好像是听到了一个大笑话，“呵！处处和我作对，处处给我添堵，我可不觉得他是为了我好。”

“那是因为你处处和王叔叔作对，处处给王叔叔添堵。”孙智强心直口快，帮理不帮亲，“子轩，你在某些时候的确太叛逆了，比如说玩游戏，沉迷于游戏不利于人的身心健康，会阻碍一个人未来的发展，王叔叔是善意地提醒你，而你不但不听劝，还说王叔叔‘多管闲事’……”说完这句话，他小心翼翼地问道：“难道玩游戏对你来说真的有那么重要吗？”

“重要。”说这话的时候，王子轩刻意加大了音量，“我觉得好玩。”

“好玩？仅仅是好玩，它会帮你取得优异的成绩，助你一臂之力，考上理想的高中和大学吗？”孙智强苦口婆心，放慢了语速，“子轩，开学你就是初三的学生了，你面对的不仅是繁重的功课，还有中考的压力，如果你不趁早养成良好的行为习惯和学习习惯，你会很吃力的！”

“拜托，你怎么和我爸爸说的话一模一样？”王子轩的忍耐似乎已经到达了极限，“我不想听这些。”

“良药苦口利于病，忠言逆耳利于行。你不想听我也要说。”孙智强这一次是铁了心地希望王子轩意识到自己的错误，“首先，作为一名学生，培养学习力是关键。其次，还要学会如何与人相处、尊重他人，培养好的行为习惯。只有这样，才能在踏入社会之后游刃有余地处理各种事情……”

听到这儿，王子轩打断了孙智强的话，“志强哥，你说的是不是太远了？”

“远？”孙智强摇了摇头，“你错了，未来看似很远，但未来的路就在脚下，你现在所浪费的每一分每一秒，未来都要你自己买单！然而你现在无视学习，无视其他人对你的忠告，也就等于在无视你的未来。”

没错，现在即是未来。

现在所做的，就是未来所得的。如果现在的你无所事事，一心玩乐，那么未来的你也将一事无成。就如同《断头王后》中的那句话：“那时候的她还太年轻，她不懂得命运馈赠的礼物，早已在暗中标好了价格。”

小小少年，如果现在的你和王子轩一样的叛逆、不爱学习，那么请你好好地审视自己，认真地思考一个问题——未来的你，想变成什么样子？

## 藏在心中的梦想，有人替你实现了吗？

回到家中的时候，王子轩依旧是闷闷不乐的。

也难怪，游戏正玩在兴头上就被爸爸批评了一番，想要出门透透气，结果又碰到了爱讲道理的孙智强，换作谁，谁的心情都好不起来。好在王爸爸并不是一个爱“翻旧账”的人，该说的话说了，该做的事情也做了，只见他云淡风轻地对王子轩道：“怎么？还生气呢？”

“我哪敢生您的气啊！您说得都对，都是我的错。”王子轩口是心非，说这话的时候眼皮子都没有抬一下。

见况，王爸爸神秘地从口袋中掏出了一个红包：“别气了，这是给你的。”

“给我的？”王子轩细长的眸子中闪过了一丝怀疑，“什么情况？现在又不是过年……”当他打开红包，看到红包里有整整一千元钱时，他禁不住倒吸了一口凉气：“爸，您这是什么意思？”

“给你的，零用钱。”王爸爸开门见山，“但是，你必须答应我一个条件。”

“我就知道没那么简单……”说着，王子轩把红包往茶几上一丢，“一千元钱就想收买我，让我一个暑假不玩游戏，没门儿！我妈说了，我每天可以玩一个小时的游戏，这钱我不能收……”

“和游戏无关。”王爸爸没有再卖关子，“我是想让你帮我打理一个月书店，除了这笔钱，我每天再给你二十元的午餐补助，你看怎么样？”

“每天二十元……”王子轩掰了掰手指头，“三十天就是六百元，再加上这一千元，一共一千六百元……”直至这时，他才啧一声，回过神来：“不对啊！爸，我帮您打理书店，您做什么？”

“我？我去北京。”

“去北京？”王子轩一愣，“您去北京做什么？”

“学习。”王爸爸若无其事地把桌子上的瓜子皮丢到垃圾桶里，“我报名参加了为期一个月的室内设计培训，我准备报考室内设计师。”说到这儿，他郑重其事地拍了拍王子轩的肩膀：“儿子，这一个月的时间里，书店就靠你打理了。”

王爸爸解释得很清楚，可是王子轩却越听越迷糊：“您学室内设计做什么？为什么要考室内设计师？您现在开书店收入不是很稳定吗？”

面对王子轩的三个疑问，只听王爸爸缓缓吐出四个字：“为了梦想。”

“梦想？”王子轩还是不明白，“爸，您都四十多了，还像初出茅庐的大学生一样追梦呢？”

王爸爸没有直接回答王子轩的问题，而是自顾自地叹了一口气，喃喃开口：“迄今为止，我最后悔的一件事情就是在大学毕业之后没有坚持我的梦想。”他看向窗外，继续说：“当年我的同窗好友有好几个已经成为顶级室内设计师了，而我现在却只能开书店。”

“开书店也没有什么不好，轻松自在，虽然我不喜欢看书……”王子轩撇撇嘴，“我倒是觉得，您现在想要转行，有点儿难。”

“难不难，全看你肯不肯努力。”王爸爸转头看向王子轩，“你知道种一棵树最好的时机是什么时候吗？”

“种树？”王子轩还以为自己听错了，“爸，您怎么又扯到种树了……”

只听王爸爸自问自答道：“种一棵树，最好的时机是十年前，其次是现在。”然后，他看着王子轩的眼睛，一字一顿：“以前我不懂这个道理，现在我明白了，没有人可以替我实现最初的梦想，我想要的一切还需要自己去争取。时间不等人，我已经没有耐心再等下去了。无论如何，我都已经下定决心了，名我已经报了，去北京的机票也已经买好了，书店就交给你了。”

“那……我妈呢？”王子轩又问，“我妈她同意吗？”

“她说，她曾经的梦想是当一名话剧演员，但是她永远都没有机会实现自己的梦想了。”说到这儿，王爸爸感叹了一声，“我应该感到庆幸，我的工作时间比较自由，我还有机会实现我的梦想。”

似乎是意识到爸爸心意已决，王子轩也不好多说什么，只是，从来没有经营过书店的他心里七上八下的，总觉得没底。于是隔日一大早，他就找到了孙智强，对着他道：“我爸要去北京学习室内设计，这段时间把书店交给我来打理，你快帮我出出主意。”

“这不是一件好事吗？”孙智强的语气一如既往地波澜不惊，“王叔叔喜欢设计，小小的书店都被他打理得井井有条，我想，他一定有做室内设计师的天赋，我举双手支持他的决定。”

“拜托！我是让你帮我想办法的，不是让你站在我爸那一边的。”王子轩不满地皱起眉头，“如果我每天都待在书店里，我就不能玩游戏了，不但不能玩游戏，我会完全失去自由，这难道不是一件很可怕的事情吗？”

“我反而觉得，你刚好可以利用这个机会体验一下大人的生活，顺便好好地给未来做一个规划。”孙智强脱口而出，“想想看，王叔叔年过四旬，他都有追求梦想的一腔热忱，而你才十五岁，至今都没有找到属于自己的目标，这难道不是一件更可怕的事情吗？”

“我……”王子轩只觉得自己找错了诉苦的对象，“算了算了，”他摆摆手，“话不投机半句多，和你说了也是白说！”

“我是为你好。”孙智强微微一笑，“不过你放心好了，如果你真的代替王叔叔打理书店，我一定会去帮忙的。”

“此话当真？”王子轩停下了离去的步伐，转过身子，“你可千万不能反悔啊！”

“大丈夫一言既出，驷马难追！”孙智强打了个响指，“随叫随到。”

## 不要把家人对你的溺爱当作桀骜不驯的资本

三天后，王爸爸把王子轩一个人留在书店，而他自己却坐上了飞往北京的飞机，毅然决然地离开了。此时此刻，只见王子轩舒适地靠在椅子上，全神贯注地玩着手机，以至于一位老先生走了进来，他都没有看见。

这位老先生戴着黑色礼帽，金框眼镜稳稳地架在鼻梁上，虽然是炎热的夏季，但他依旧穿着一身挺阔的西装，脚上的那双棕色皮鞋也被擦得锃亮。他先是随意地翻了翻杂志，又走到中国文学的书架前瞅了瞅，这才将视线转移到王子轩的身上，缓缓开口：“小伙子，有没有老舍先生的《四世同堂》？”

老先生的语调低沉，很有穿透力，但王子轩却充耳不闻，好像根本就没有意识到书店里有客人。

见况，老先生迈开脚步，走到了王子轩身边，又重复了一遍：“小伙子，有没有老舍先生的《四世同堂》？”

直至这时，王子轩才后知后觉书店里来了客人。他不慌不忙地摘下耳机，对着老先生道：“我不知道，您需要自己找。”

“你不知道？”老先生诧异地扶了扶眼镜，“你在书店工作，竟然不知道书店里都有什么书？”

“我只是临时帮我爸打理书店而已。”王子轩解释道，“今天是我第一天上班，所以我对这家书店里有什么书并不是非常熟悉。”

“既然如此，为什么你不借此机会熟悉熟悉呢？”老先生一字一顿，“做事情就是要认真、仔细，哪怕是暂时帮你父亲打理书店，也要打起十二分精神，而不是坐在那里玩手机，连客人说话都听不见，非常没有礼貌！”说着，老先生看向王子轩的手机屏幕：“你在玩游戏？”

“啊，对。”王子轩一愣，“书店里没有电脑，我只能玩手机游戏。”

“不行……不行……”老先生边呢喃，边摇着头，“玩物丧志，小伙子，你应该把玩游戏的时间用来看书才对！你看，你现在正在书店，有那么多的书摆在你面前，你真是身在福中不知福。”

面对老先生的好言相劝，王子轩一脸的不以为意。“我不喜欢看书，”他实话实说，“无论是课外书还是教科书，我都不喜欢看，就连漫画书我也懒得看，我从小到大都这样，一看到书就头疼。”

“一向如此，便是对的吗？”老先生意味深长地道，“我在你这个年纪，最渴望的事情就是读书了，可是在那个年代，想要学习，想要读书，是一件极其奢侈的事情。然而你白白浪费读书的机会，真是可惜……”

“人各有志吧！”王子轩无所谓地耸耸肩，“有人喜欢看书，有人喜欢玩游戏，就像有人喜欢吃米饭，有人喜欢吃面条，道理是一样的。对于不喜欢的事情，不能强求。我不喜欢看书，就是不喜欢看书，这是天生的，改不掉的。”

“谁说的？依我看，你不是不喜欢看书，而是懒得看书，没有养成良好的阅读习惯。”老先生的话毫不留情，却字字珠玑，“小伙子，你要懂得自省，而不是大言不惭地说‘我喜欢玩游戏’。游戏不能充盈你的大脑，但是读书可以，不但如此，它还会让你变得更加优秀、成熟。”

不知道是不是老先生的话过于直接，王子轩的眼里闪过一丝不悦，但是碍于王爸爸临走之前再三嘱咐的“客人是上帝”，他压下一肚子的火气，话里有话地道：“我爸虽然不赞同我玩游戏，但是他也不会逼我看书。”

“那是因为你的家人溺爱你。”老先生接过话，“如果你是我的小孩，我绝对不会允许你把书放在一边，拿着手机玩游戏的。”

还好我不是你的小孩……王子轩想归想，但是话到嘴边还是没敢说出口，见老先生没有要走的意思，他干脆起身转移了话题。“您是想要找老舍先生的《四世同堂》对吧？”他走向书架，“我帮您找。”

“你现在所在的书架放的全部是外国文学的书籍。”老先生提醒道。

“哦。”王子轩耐着性子走向下一排书架，这才仔仔细细地翻阅起来。说来也巧，也就一眨眼的工夫，他就在书架的第二排左手边的位置找到了这本书，将书递给老先生：“是这本书吧？”

“是。”老先生的态度温和了很多，“谢谢你。”说罢，他将叠得整整齐齐的四十八元递给了王子轩，临走前还不忘嘱咐了一句，“小伙子，不要把家人对你的溺爱当作桀骜不驯的资本，你应该更加珍惜你现在所拥有的美好生活，好好学习。”

老先生走了，但他临走前的这句话一直在王子轩的脑海中回响。“桀骜不驯？”他仔细品了品，“好像还真是那么回事！”

不得不承认，王子轩虽然算得上是一个有礼貌的男孩子，但是平日里，他的确有点儿自恃清高、桀骜不驯，仗着家里的经济条件还不错，他总是一副高高在上的样子，渐渐养成了“公子哥”的脾气，一意孤行。

就拿学习这件事情来说，学习本来是学生应该做的事情，可是在他的眼中却是“多余”的，他不但不主动学习，还总是在课堂上睡觉、做小动作。这一次期末考试，他依旧是班里的倒数第三名，可是他一点儿都不觉得羞愧，依旧我行我素。

王爸爸拿他没辙，只能随他去了，导致恶性循环。他现在变本加厉，又迷上了网络游戏，趁着假期，他恨不得一天二十四小时都可以玩游戏。所以，他赞同老先生说他的“桀骜不驯”，但他知错不改，真是可悲。

殊不知，一切即将在这个小小的书店里发生改变，或许就连此时此刻的王子轩都想象不到，有那么一天，他也会成长。

## 你看起来轻松，是因为有人替你负重前行

许清风是书店的常客，他每周必定会到书店里看一会儿书。性格开朗、善于交际的他也时不时和王爸爸交流一下读书感想，谈一谈人生理想。这个周末，他和往常一样来到书店，只是当他踏进门来才发现，今天的书店换了主人。

“你是……”许清风眯起眼睛，上上下下仔细打量了一番王子轩，“王老板的儿子，王子轩？”

“是我。”王子轩一愣，“你怎么知道我的名字？”

“我经常听王老板提起你，”许清风说罢，友好地伸出了一只手，“你好，我叫许清风，今年十七岁，是高中一年级的学生。”

“我开学读初三。”王子轩并不擅长和人打交道，只见他拘谨地伸出手握了握，又急忙松开了，解释道，“我爸到北京学习去了，要一个月才能回来，所以这段时间，我会代替他打理书店。”

“原来如此。”许清风点点头，转移了话题，“你平时喜欢看什么书？推理类小说、励志类小说、科幻类小说、自传类小说？”见王子轩接二连三地摇着头，他又补充了一句：“难不成你喜欢看恐怖小说？”

“你猜错了，所有类型的书我都不喜欢看，我不喜欢看书。”似乎是不想把话题扯到自己身上，王子轩反问道，“你呢？你喜欢看什么书？反正我闲着也是闲着，我可以帮你找一找。”

“我……”许清风想了想，“我刚好和你相反，我什么类型的书都喜欢看，但是我只看书，不买书。”

“这样啊……”王子轩拉长了尾音，没有了下文。

许清风接着道：“我听王老板说你喜欢玩游戏？我也喜欢。”

“真的假的？”一提起“游戏”，王子轩眼睛一亮，顿时来了兴致，“刚刚来了一位老先生，他见我玩游戏还话里话外地数落了我一番呢。我还以为，来书店买书的客人都不喜欢玩游戏。”他问许清风：“你平时喜欢玩什么游戏？”

“竞技类的游戏。”许清风不假思索地道，“只不过，我从来都是看别人玩游戏，自己并不玩游戏。”

“喜欢看别人玩游戏？”王子轩还是第一次听到有人有这种癖好，“既然你喜欢游戏，为什么不自己玩？”说罢，王子轩指了指自己的手机：“我爸不让我用电脑玩游戏，于是我就用手机玩游戏，我可以玩，你也可以玩。”

“不行，我不能把时间浪费在玩游戏上。”许清风急忙摇摇头，“我必须要抓紧一切时间看书、学习，所以，我只允许自己每天临睡前看室友玩游戏，但绝对不会超过半个小时，因为隔日一早，我还要早起呢！”

“那岂不是很累？”一想到“学习”，王子轩又像泄了气的皮球一样，“我不喜欢学习，也不想让自己那么累。”

“可是人生中有很多的事情，由不得你做选择。”许清风这句话说得意味深长，“就比如说我，我是特困生，只有保证学习成绩优异，获得学校的最高奖学金，我才有机会继续留在学校里学习。”

“也就是说，你的学费是你赚来的？”王子轩半信半疑地开口。

“可以这么说，为了减轻家人的负担，我已经半年没有向家里要过生活费了。”他看着王子轩说，“所以我很羡慕我的室友，他们可以肆无忌惮地在寝室里玩游戏，而我必须要用功读书，还要跑到学校的图书馆做兼职。但同时，我又不后悔这样做，正是因为我的努力，我才能每次考试都得到全校第一名。”

“第一名……你可真了不起。”王子轩喃喃道，“我每次考试都是班级的倒数后三名……”

“那是因为你还不懂得学习的重要性，未曾体会过生活的艰辛。”许清风意味深长地道，“你知道吗？你现在之所以可以随心所欲，生活得如此轻松自在，是因为你的家人在替你负重前行，可是我就不一样了，我需要自己负重前行。”

“什、什么意思？”王子轩没听明白，“什么‘负重前行’？”

“简单来说，就是你现在之所以衣食无忧，想做什么就做什么，是因为你的家人通过努力，为你创造了优质的生活条件，让你无忧无虑地成长。但并不是人人都像你这么幸运，生活在贫困山区的孩子，他们不但没有手机，连课本都买不起，比我还要惨呢。”

“所以，你想要表达的是……”王子轩试探性地问道。

“我想要表达的是，既然你那么幸运，就应该学会知足，并且更加努力地面对学习和生活。”说完这句话，许清风不好意思地笑了笑，“我听王老板说，你经常耍小脾气，有点儿任性。”

“他还说什么了？”王子轩眉头一皱，即刻黑了脸。

“这个嘛……”见形势不对，许清风急忙打了个哈哈，“王老板还说，他的儿子很帅气！今日一见，果然不同凡响，要不，我还一直以为是王老板说大话呢！”

王子轩冷哼一声，显然并不相信许清风的后半句话，但事已至此，他只能忍了。“算了算了。”他甩了甩手，“我爸他总是这样，喜欢在别人面前说我的不是，他也经常在我的面前夸‘别人家的孩子’，我都习以为常了。”

“对不起啊！”后知后觉自己的失礼，许清风规规矩矩地鞠了一躬，“抱歉，我总是口无遮拦，想到什么就说什么，你别介意。”

“没关系，又不是你的错。”说罢，王子轩看着时钟，提醒道，“你不是还想要看书吗？现在已经四点钟了。”

“你准备打烊了吗？”许清风反问道。

“我爸说，不能早于五点钟打烊。”说着，王子轩转回头来看向许清风，“随便你看到什么时候，我不会打扰你的。”

“好，那我就看到你打烊为止。”

说完这句话，许清风把肩上的背包往柜台后一扔，自顾自地走到书架前看起了书。见况，王子轩自言自语了一句：“真是搞不懂，为什么那么多人喜欢看书……”说罢，他又靠在了椅子上，继续玩他的游戏了。

## 除了学识和才华，剩下的一切都有可能离你而去

许清风安静地坐在角落里看书，沉默的样子和刚刚滔滔不绝的他判若两人。直至把书看完，他才意犹未尽地将书放回原处，对王子轩说了一句：“学校放假了，图书馆也关门了，以后，我可能要经常过来看书，你应该不会厌烦吧？”

“当然不会，”王子轩半开了一个玩笑，“只要你少和我聊‘读书’，多和我聊‘游戏’，我会很欢迎你的……”王子轩的话还没说完，一个身穿白色连衣裙的短发女生风风火火地闯了进来。

“王老板！我来了！”她连头都没回，就匆匆走向书架处。直至她意识到气氛有点儿不对劲，这才转过头，惊呼了一句：“咦？你是谁？王老板呢？”

“我是王老板的儿子，我叫王子轩。”这已经是王子轩第三次重复这句话了，“我爸去北京学习了，这段时间都由我来打理

书店。”

“哦。”女生甩甩头，应了一声，“对了，我寄存在柜台的那本《资本论》呢？我记得被王老板收到柜子里了，你帮我找找看。”

“《资本论》？”王子轩隐隐约约地记得，他在柜子里看到了一本白色封皮的书。他说了一句“稍等”，就俯下身子打开了柜子，果不其然，就在柜子的角落里，孤零零地放着一本拳头那么厚的书。王子轩将书递给了女生，“是这本书吗？”

“就是这本书，”女生嫣然一笑，那对讨喜的杏眼眯成了一条缝，“谢谢你啊！”这时，她才做了一个自我介绍：“初次见面，我叫姚娜。”

“哦，你好。”王子轩不自在地把眼神移到一边，“那个……十分抱歉，我准备打烊了。”

“打烊，不会吧……现在才五点钟呢！”姚娜没有掩饰自己眼中的失落，语气也变得沮丧起来，“我每天下班后都会到这里看一个小时的书，我平时都是五点下班的，今天怎么说打烊就打烊呢？”

“我爸临走前和我说，五点钟以后没有客人就可以打烊了。”王子轩硬着头皮解释道，“我已经准备锁门了。”

“我虽然来得晚了点儿，但我也是客人啊！”姚娜完全没有要走的意思，“而且，我每天都是这个时候来看书的，如果你不信的话，可以打电话给王老板。”情急之下，她指向许清风说：“你也可以问问他，他认识我的！”

“没错，姚娜的确每天傍晚五点钟来这里看书，风雨无阻，雷打不动。”许清风作证，“我们都是这家书店的熟客，经常碰面。”

“这样啊……”王子轩后知后觉地想起来，王爸爸在临走之前的确提到过有一个小白领喜欢晚上来店里看书。看来，就是这个人了！想到这儿，他撇撇嘴："那好吧，平时我爸都是几点关门的？"

"六点，有时候会延迟到六点半。"说罢，姚娜双手放在胸前，做了一个"请求"的手势，"拜托拜托，我必须要在回宿舍之前查一查资料，六点，我六点准时走！"见王子轩不吭声，她又加了一句："五点半，五点半我一定走！"

碍不住姚娜的苦苦哀求，王子轩只好答应，把打烊的时间延迟到了五点半。

见况，原本要走的许清风也不走了，干脆留在书店里和王子轩聊起了天，只听他压低了声音对着王子轩道："你知道吗？那个姚娜看起来瘦瘦小小的，弱不禁风，但其实是个不简单的人物，连我都对她敬佩三分。"

"真的假的？"王子轩看向坐在桌前专心致志翻阅着《资本论》的姚娜道，"除了嗓门大一点儿，一惊一乍了一点儿，看不出她和其他的女生有什么不一样。"

许清风回答道："一般人看来，姚娜就是一个普普通通，还在实习阶段的小白领。但是说普通她又不普通，我从来没有见过如此上进的女孩子，为了让自己更上一层楼，她每天都在学习经济学、金融学知识，她还曾和我说过，她要在最短的时间内读完所有有关经济学、金融学的书！"

"噗！怎么可能，就连不爱看书的我都知道，学无止境，书是读不完的。"王子轩鄙夷地一笑，"想要读完所有有关经济学、金融学的书，简直是天方夜谭！"

可许清风却不这么认为。"不管是天方夜谭，还是异想天开，她一直在用实际行动证明自己的决心。"他清了清喉咙接着道，“而且，今年上半年她已经读完三十本书了，平均一个月五本书，六天一本书，你说是不是很厉害？”

“照你这么一说，这个姚娜的确不简单，至少她很有毅力，能够持之以恒地做一件事情。”王子轩点点头，想到了自己，“不像我，我三个月都看不完一本书……”

“她不但喜欢看书，她还喜欢记笔记，”说着，许清风指了指姚娜手中的本子，“看到那个本子了吗？上面全都是从书中摘抄的精华。她和我说，同样的本子，她已经写满十几本了。”

“不会吧……”王子轩半信半疑地开口道，“那岂不是比我写过的作业还多？”

“差不多吧。”许清风倒是见怪不怪，“她还说了，这个世界上除了学识和才华，其他的一切都有可能从你的身边溜走。这句话现在也是我的座右铭，所以，我要向她学习，学习她刻苦努力的精神。”

听到这儿，王子轩禁不住皱起了眉头：“你说……学习真的有那么重要吗？”

“当然了，”许清风不假思索地回答道，“绝对比你想象的重要很多！”

“可是，我并不这么认为。”王子轩发表了自己的看法，“就拿我的同桌来说，他做梦都想做生意，当大老板。请问，做生意，当大老板，和学习的好坏有关系吗？”

“关系大了。”许清风分析道，“你想想看，做生意的人如果没有聪慧的头脑，没有异于常人的口才，怎么累积自己的客源，扩大自己的产业？而这些，都是可以通过学习得到的。学习数学会锻炼你的逻辑思维能力，学习语文会锻炼你的口才能力，学习英语会锻炼你的交际能力……”他喘了一口气，继续说：“即使是学成之后，也要继续深造，学习专业课程。就比如姚娜，她每天都在学习经济学、金融学，就是为了提高自己的业务能力和专业水平，而这一切，都有利于她未来的发展。”

听许清风这么一说，王子轩还真就觉得他说的话有几分道理：“你说的这些，我怎么没想到呢？”

“我说过了，那是因为你还没有意识到学习的重要性，没有体会到生活带给你的压力。”许清风道，“当你明白学识和才能对一个人有多重要的时候，你自然而然地就会想要学习，想要奋斗，但往往当你明白这个道理之后，已经有很多人走在你前面了，你就会变得很吃力。”

“那怎么办？”王子轩又问。

“怎么办？没有办法，你只有更加奋进、更加努力，才能超越你的对手，超越自己。”说到这儿，许清风看了一眼时间，“看到她那么努力，我也要抓紧时间看书了，我劝你啊，少玩游戏，多读书，这对你有好处。”

“又来了，”王子轩撇撇嘴，“我知道了，求你以后不要再说了，我的耳朵都磨出茧子了……”

“忠言逆耳利于行。”说罢，许清风嘿嘿一笑，“等你什么时候意识到学识和才能的重要性了，我就不说了！”

## 不要在该努力的年纪选择安逸

回到家后，王子轩就像是丢了魂儿一样，整个人瘫坐在沙发上，说什么也不肯起身。见况，王妈妈明知故问：“怎么样？做了一天的‘小老板’，累坏了吧？”

“还行，”王子轩口是心非，“只不过书没卖出去几本，倒是遇到了好几个奇怪的人，害得我一天都没有时间安静地玩游戏。”

“奇怪的人？”王妈妈来了兴致。

“没错，一个比一个奇怪。”说着，王子轩坐直了身子，顺手把王妈妈切好的西瓜塞进了嘴巴里，“第一个客人就非常奇怪，他是一个戴着黑色礼帽，穿着西装皮鞋的老先生。他得知我不喜欢看书，就把我数落了一番，还莫名其妙地说了一通大道理，让我少玩游戏多看书。”

“还有呢？”王妈妈追问道。

“我还碰到了一个叫许清风的男生，十七岁。他和我一样，喜欢玩游戏，但是他却因为怕把时间浪费在玩游戏上，不能得到最高奖学金，于是每天只给自己半个小时的时间看别人玩游戏。您说奇怪不奇怪？”说到这儿，王子轩深叹一口气，“别看他只是一个高中生，但是说起道理来比那位老先生还要滔滔不绝。而且，他只看书不买书，在书店里一坐就是几个小时，还说以后会常来。看来，我的耳根子不能清净了……”

“那岂不是有人陪你聊天了？”王妈妈不觉得这是件坏事，“只有这两个奇怪的客人吗？”

“还有一个客人更奇怪，她是个二十五岁的小白领，叫姚娜。”王子轩接着道，“她是公司的实习生，为了在工作上更上一层楼，她每天下班后都到书店里看一个小时的书，还说要在最短的时间里读完所有有关经济学和金融学的书。许清风告诉我，这个姚娜虽然看起来弱不禁风，但是内心非常强大，对自己非常严格，也就是因为她，我才晚回家了四十分钟。”

“我听你爸提起过这个女生。”王妈妈想了想，“你爸说，她每天下午五点钟都会雷打不动地到书店报道，狂风暴雨都阻拦不了她。有一天下着暴雨，没有带雨伞的她宁可淋着雨跑到书店，也不愿意直接回到她的住所，结果感冒发烧了好几天，她还是不肯好好休息，每天到书店里看书。”

“对，就是她，如果不是亲眼所见，我真的不敢相信有这么喜欢看书的人。”王子轩想不明白，“我就不懂了，书究竟有什么好看的？为什么这些人和我说得最多的一句话就是‘多看点儿书’？”

“人各有志吧。”王妈妈话里有话地道，“有的人喜欢自由自在、无拘无束的生活，他们的眼前只有玩乐，完全不想以后的发展；但有的人，他们有目标、有理想，他们绝不会在该吃苦的年纪选择安逸的生活，就比如你刚刚提到的许清风和姚娜，他们两个年轻人有着一腔热血，知道自己应该在什么年纪做什么样的事情，而不是无所事事，任凭时间流逝。”

听到这儿，王子轩只觉得有点儿不大对劲儿：“妈，许清风和姚娜是后一种人，那前一种人是……”

“整天无所事事，不学无术，只知道吃饭、睡觉、玩游戏，完全不为未来做打算，你觉得我形容的人和谁比较像呢？”王妈妈看着王子轩，欲盖弥彰地补了一句，“别对号入座，我可没有指名道姓。”

“我……”王子轩欲言又止，因为他知道妈妈说的就是他，但事实摆在眼前，他的确是一个无所事事的人，学习成绩差，每天脑子里只有玩游戏，完全不像一个朝气蓬勃的学生。想到这儿，他惭愧地低下了头。

见王子轩不再多言，王妈妈借机道：“人生就是无数道选择题，只有耐得住寂寞才能守得住繁华，在该奋斗的年纪，就不能选择安逸的生活。时间不等人，很多事情一旦错过，就没有重来一次的机会了，就比如青春。”

“妈，您说得这些太深奥了。”王子轩努努嘴，“我听不懂。”

“养不教父之过，听得懂听不懂我都要说给你听。”王妈妈一字一顿，“生活给予你的压力，并不是人外有人，天外有天，而是那些比你优秀的人比你还努力。面对困难，面对压力，如果迎难而上就会有收获，但如果得过且过，混混沌沌地生活，一辈子也没有办法出人头地。”

“我又不想出人头地……”王子轩嘀咕了一句，“我不想让自己活得那么累。”

“那是因为现在的你衣食无忧，感觉不到生活的艰辛。”王妈妈字字珠玑，“想想看，当你长大成人，组建属于自己的家庭的时候，如果连自力更生的能力都没有，如何保护你爱的人？优胜劣汰，适者生存，面对那些比你年轻且比你更加优秀的人，你如果没有过人的学识和才能，拿什么和人家比拼？别说出人头地，你连吃饱穿暖都难！”

不得不说，王妈妈说这番话确实为时过早，但现实摆在眼前，她也并不是杞人忧天。要知道，人之所以奋斗，并不单单是为了现在，更是为了未来的生活。种瓜得瓜，种豆得豆，如今的你选择了安逸的生活，未来的你就会为了生计而发愁。

没有人能够随随便便成功，没有一份幸运会凭空而来。机会只留给有准备的人，当你仰望他人的时候，不知道的是他人背后的艰辛历程。所以，不要在该奋斗的年纪选择安逸的生活，该学习的时候学习，该坚持的时候坚持，这是对自己的未来负责任。

王妈妈此言一出，王子轩彻底沉默了。是啊，他只顾着暂时的玩乐，完全没有想到自己的以后，他总觉得未来还很远，殊不知，未来近在眼前。

# 第二章
# 时间可以成就一个人，也可以毁掉一个人

## 不要小瞧那些零碎的时间

这日早上十点，王子轩和平常一样坐在书店里玩手机游戏，他跷着脚，抖着腿，全然不顾玻璃窗外来往的行人向他投来异样的目光。就在这时，一个身穿白色休闲装，戴着茶色墨镜的男子轻轻地敲了敲门，对着王子轩轻唤了一声："你好，请问开始营业了吗？"

霎时，王子轩不悦地皱起眉头："门都开了，当然营业了。"

"可是门口挂的是closed（关）的牌子。"男子笑了笑，"小兄弟，你是不是忘记把营业牌翻过来了？"

"对啊！我真忘记了！"后知后觉是自己的问题，王子轩尴尬地一笑，"真是抱歉，我还纳闷了，为什么没有一个客人进门？原来是我忘记翻营业牌了。"说着，他走到门口，把营业牌翻了过来。

与此同时，男子将摘下的墨镜随意地挂在领口上。"你是王老板的儿子？"他看向柜台上乱七八糟的食品袋和脚边装满垃圾的垃圾袋，补充了一句，"王老板曾和我说，他这个月打算去北京学习。"

"你也是熟客？"王子轩转身看向男子，殊不知不看不知道，一看吓一跳。眼前的男子眉清目秀，唇红齿白，越看越眼熟，"你……你不是那个……那个……"

"我叫方良，是一名服装设计师。"方良大大方方地做了自我介绍，"我和王老板的关系还不错。"

“对！方良，我经常在网上看到关于你的新闻。”王子轩急忙凑到方良的面前，“做你这一行的，是不是经常能看到电视上的大明星？”

“我的确和几位当红艺人有过合作，”方良谦逊地一笑，“和时尚圈的人接触，是我的工作内容之一。但我的工作绝对没有你想象得那么轻松，我每天都在各地奔波，待在家里的时间每个月不超过七天。”

“我不觉得到天南海北四处奔波有什么不好，我喜欢自由。”王子轩感叹了一句，“真羡慕你，不像我，我只能待在这个小小的书店里，真是人比人，气死人。”

“你还是个学生，未来会有很大的发展和机遇，”方良一字一顿，“而且，如果你想，你也可以成为一名服装设计师。”

“算了算了，我从来都没有想过要当一名服装设计师，况且，我对服装设计没有一点儿兴趣。”提到这儿，王子轩难得对别人的过往提起了兴趣，“你能不能和我说一说，你是怎么当上服装设计师的？我很好奇。”

“我？”方良指了指自己的鼻子，“说来话长了。”

“没事，我有的是时间。”说罢，王子轩端端正正地坐在了椅子上，等待着方良的下文。

可等来等去，等到的方良的第一句话居然是：“我在很早以前，是一个街头混混……”

方良没有说谎，在他十七岁的时候，他因为打架滋事被学校开除了，从此以后再也没有踏入学校的大门。这也正如了方良的愿，毕竟他是一个叛逆的少年，他不喜欢学习，也不喜欢看书，他只喜欢玩乐。

后来，无所事事的他整天都在街上闲逛，一来二去，慢慢结识了很多和他年纪相仿状况一样的人，并从那时候起，他变得越来越张狂，越来越无礼。方良的母亲恨铁不成钢，气出了一身病，最后在方良二十三岁那年去世了。

这件事情给了方良很大的打击。为了照顾好同样患了重病的父亲，他打算痛改前非，重新做人。可是方良一没有文化，二没有技能，他不知道自己究竟能够做些什么。于是，他便问他的父亲，当时，父亲只和他说了一句话：“利用零碎的时间，去做你没有做完的事情。”

这句话深深地刻在了方良的脑海中。为了不让父亲失望，他充分利用所有的零碎时间学习，熬药的时间、走路的时间，甚至是洗澡的时间，他都在拼命地学习落下的功课。最后，他通过自考获得了本科的学历，获得了就业的机会。

方良从小喜欢画画，但是他从没有专业学习过美术。在工作的那段时间，他有幸结识了一位服装设计师，在设计师的提议下，他一边努力工作，一边学习有关服装设计的专业课程，三年之后，他拿到了助理服装设计师从业资格证，并从此转行，成为一名服装设计师。

提起自己的心路历程，方良感慨良多：“我这辈子唯一后悔的一件事情，就是在我年轻的时候一直在浪费时间，但同时我又感到庆幸，庆幸自己懂得了什么叫‘回头是岸’，没有继续浪费时间。今年我三十八岁，我用十五年的时间一步一步走到今天，实现了自己的梦想。”

“十五年……”王子轩掰了掰手指头，“你可真了不起。”

“不，如果我能够尽早明白这个道理，我可能就无须花费这么多的时间来弥补之前的过错了。”方良看着王子轩说，“你虽然还是一个初中生，但也要懂得珍惜时间、利用时间，否则，你就会像现在的我一样，因为曾经浪费时间而悔恨。”

面对方良善意的提醒，王子轩出乎意料地并没有排斥，他说：“我现在每天都要帮我爸打理店铺，根本就没有时间做自己想做的事情，我也很苦恼。”

“你错了。”方良摇摇头。“时间是挤出来的，你千万不要小瞧那些零碎的时间。”说着，他指了指柜台上的杂物，“在等客人上门之前，你完全有时间整理好自己的物品，打扫店铺的卫生。闲来无事，你可以写暑假作业、复习功课，或是翻阅一些课外书，只要做对自己有益且有意义的事情，时间都不会被浪费。”

听到这儿，王子轩恍然大悟：“我明白了，你一定是我爸派来的，是不是他让你劝我，不要把时间浪费在玩游戏上？”

“并不是。”方良一本正经的样子不像是在说谎，“我只是用我的真实经历告诉你，时间有多重要。”说罢，他看了看手腕上的手表：“时间不早了，我一会儿还要赶飞机呢。”他拿起一本《时间简史》递给王子轩，说：“这是我这一周的任务，我要在一周的时间内，抽空将这本书看完。”

“这么厚……”王子轩拉长了尾音，“看得完吗？”

“只要我想，就一定可以。”说着，方良戴上墨镜，接过王子轩递来的书，冲着王子轩挥了挥手，“那一周以后再见吧！”

“再见。”看着方良渐行渐远的背影，王子轩陷入了沉思之中。

## 不要让“完美”这两个字，偷走你的时间

这天下午，许清风来的时候，顺便给王子轩介绍了一个客

人。只见眼前的女生个子高挑，皮肤白皙，一头精心打理过的大波浪卷发显得她的脸分外小巧，只是她开口的第一句话，就让人一头雾水，只听她说："我想要一本完美的书。"

"完美的书？"王子轩看向许清风，"我听说过厚的书、薄的书，大的书、小的书，还是第一次听说完美的书。完美的书是什么书？"

"我也不知道。"许清风耸耸肩，"她说她想买书，我就把她带过来了，至于她想要买一本什么样的书，我就不得而知了。"

见王子轩站在原地不为所动，女生的丹凤眼一瞄，不耐烦地说："完美的书，就是有丰富的故事情节，有深刻的内涵道理，还要知识面广泛，字数既不能太多，也不能太少。还有，封面一定要好看。"

"这个世界上还有这种书？"王子轩算是开了眼界，"我还是第一次听说呢。"

"我就是因为没有找到这本书，所以才来你这里碰碰运气的。"说着，她转眼看向许清风，"你说谎，你不是说这家书店虽然小，但什么书都有吗？看来，这里还是没有我想要买的书。"说完这句话，她转身就要走。

见况，许清风急忙拦住了她的去路。"你想要的书我们既不知道作者的名字，也不知道大致的内容，找起来确实有点儿困难，但这并不代表着这里没有这本书。"他顺手拿起了一本《海底两万里》介绍起来，"这本书我读过，主要讲的是法国博物学家阿龙纳斯教授在深海探险的故事，故事情节非常有趣，其中涉及大量的海洋知识，是一部很不错的科幻小说。"

殊不知女生连看都没看，就脱口而出了一句："我不喜欢科幻小说。"

“那这本书呢？”王子轩拿出了《时间简史》，“这本书是书店里销量最高的一本书了，刚刚才有一个客人买了一本。”说着，他翻开了简介，念出声：“这本书包括了宇宙的图像、时间与空间、不确定原理、宇宙起源等内容……”他抬头看向女生，继续说：“内容十分丰富，并有深刻的内涵道理，非常符合你的要求。”

“这本书……”女孩将书拿到手里打量了一番，“封面黑漆漆的，我不喜欢，我喜欢色彩艳丽一点儿的。”

“那就……《假如给我三天光明》？”许清风试探性地问道，“这是海伦·凯勒的散文代表作，这本书通过自传的方式，书写了作者面对困难坚强不屈的精神，还写了她的求学经历，读完让人获益匪浅。”

“可是这本书我三年前就看过了。”女生挑挑眉，“还有展示架上的《战争与和平》《了不起的盖茨比》《雪地寻踪》《月亮与六便士》我都看过了。”见许清风也没能推荐一本她喜欢的书，她干脆走到书架前，一本一本地翻阅起来，只是她翻来翻去，也没有找到一本完美的书。于是她摆摆手，说：“算了算了，依我看，这里根本就没有我需要的书。”

女生毅然决然地走掉了，留下王子轩和许清风面面相觑。“什么情况？”王子轩对着许清风道，“她是你的朋友？”

“她是我的同桌，也是我们班的文艺委员。”许清风尴尬地笑了笑，“你不要见怪，她平时在学校里就是这个样子，过于挑剔，是一个完美主义者。”

“这未免也太挑剔了吧……”王子轩直言快语，“依我看，她一辈子都买不到她心仪的书。”

“我猜也是。”许清风应和道，“书和人一样，各有千秋，各有各的优势，一本书不可能做到每一块内容、每一个细节都是完美的、全面的，而她偏偏要找一本完美的书，真是莫名其妙。”他靠近王子轩，神秘兮兮地说：“你知道吗？她不仅对身边的事情挑剔，对自己也非常挑剔。有一次她一连请了三天的病假，后来我才知道，她之所以请病假，是因为她脸上长了一颗青春痘。”

“青春痘？”王子轩还以为自己听错了，“青春痘不是每个人都会长吗？”说着，他撩起了自己的刘海：“你看，我也长了好几颗青春痘。”

“事实是如此，但她并不这样想，在她的心里，脸上长了一颗青春痘，那是比天还要大的事情。为了治好这颗青春痘，她还特地跑到中医院里看了中医，结果喝了一大堆的中药。好在她再也没有长青春痘了，要不然，我真不知道她还能做出多么荒谬的事情。”

“真是太不可理喻了……”王子轩感叹道，“如果她是我的同桌，我一定会疯掉的！”

“我也提醒过她很多次，不要事事都追求完美，因为这个世界上根本就没有绝对完美的事物，可是她就是不听，一心一意地追求完美，也因此浪费了不少时间。”说着，许清风又想到了一件事，“有一次她在自习课上写日记，同样的日记，她撕了一篇又一篇，写了一遍又一遍，就是因为她在日记中不小心写了错别字。”

“写错别字不是一件很正常的事情吗？”王子轩撇撇嘴，“只要把错别字划掉，或是用涂改液涂掉，重新写好就可以了。”

“她并没有这样做，她必须要保证自己的日记本里没有错别字。”说到这儿，许清风叹了一口气，“一想到开学还要和她做同桌，我就一个头两个大。”

“辛苦你了。”王子轩一脸同情地看着许清风，“刚刚她只在书店里待了二十分钟，我都有些不耐烦了，何况你还要和她做同桌。”他感叹了一句：“这样的女生一点儿都不可爱。”

“我反而觉得，人追求完美可以理解，错就错在事事苛求完美。如果过分苛求完美，就会变成一种负累，对别人来说也是一种负担。”许清风看向窗外，“只是，我不知道她什么时候才能明白这个道理。”

没错，追求完美没有错，错就错在不切实际，事事都苛求完美。毕竟，这个世界上没有完美的人生，所谓的完美主义除了会给自己增添压力和负担之外，并没有什么益处。

## 抓住该抓住的，放弃该放弃的

女生走后，书店又恢复了往日的平静——许清风依旧坐在书架最角落的位置上看着他的书，王子轩依旧跷着二郎腿摆弄着他的手机，直到一个拖着行李箱的客人闯了进来，店里才有了一点儿响动。

眼前的女生瓜子脸、桃花眼，扎着高高的马尾辫，最引人注目的，是她手里拖着大大的行李箱。见她一进门就坐在椅子上，王子轩急忙站起身，小心翼翼地问道：“你好，请问你要买什么书？”

“对不起，”女生尴尬地一笑，“我很累，我想坐下来休息休息，我可以不买书吗？”

“不买书？”王子轩还是第一次遇到这种情况，他下意识地看向许清风，见许清风冲着他点了点头，他这才回应道，“没关系，你想要休息多久都可以。”说着，他还用一次性水杯替女生倒了一杯凉白开。

“谢谢你。”女生微微一笑，一口气喝下了大半杯水，这才抬起头来看向王子轩，“你还是一个学生吧？”

“对，我是一个初中生。”说着，王子轩看向紧攥在她手中的行李箱，“请问，你是要出远门吗？”

“本来计划和几个朋友去西双版纳，但是现在去不成了……”说罢，女生低下了头，没有了下文。

见女生一副闷闷不乐的样子，王子轩只能硬着头皮宽慰道：“飞机临时更改航班是一件非常正常的事情，以前我和家人一起去桂林旅行，因为航空管制足足在机场等了七个半小时呢！”

“并不是更改了航班，而是我的个人原因……”说着，女生叹了一口气，“为了能够和好朋友一起去旅行，我每天都省吃俭用，这才攒足了旅行的费用。可是就在我将要抵达机场的时候，之前面试过的公司忽然通知我去复试，如果我没有在三天之内去复试，就等于自动放弃这一次可能入职的机会。”

“所以，你去复试了？”王子轩倒吸了一口凉气。

“我在路上纠结了很久，我很想和好朋友去西双版纳，但是我更不想失去入职的机会。所以想来想去，我还是跑到公司参加了复试，可是当我参加完复试赶去机场的时候，飞机已经起飞了……”

“那真是太可惜了。”不知道什么时候，许清风走到了女生的身边，“但是，我觉得你做了一个正确的决定。”

“正确吗？”女生抬起头来，“我刚刚在电话里和朋友说了这件事情，她在电话的那头说我‘傻’，还说即使我去复试了，也不等于一定会被录用。与其等待并不确定的结果，还不如高高兴兴出去旅游。”

“我的想法和你朋友的想法不一样。”许清风字字清晰，“我觉得出门旅行虽然是一件让人高兴的事情，但相比于难得的入职机会，就显得微不足道了。如果我站在你的立场上，我也会毫不犹豫地选择复试。”

听到这儿，王子轩忽然想到了一个故事。“我记得在很多年前，有一个登山爱好者，有一次，他距离登到山顶只有不到十米的距离，但是在最后关头他却毅然决然地选择了放弃。”话说到一半，他看向许清风，问，“你听说过这个故事吗？”

“没有，”许清风摇摇头，看向女生，“你呢？听说过这个故事吗？”

见女生摇了摇头，王子轩接着道：“后来，有人问他说，你为什么不咬紧牙关再坚持一下呢？再坚持走十米，你就成功了！而登山爱好者却说，再前进十米，就等于死亡，我的生理机能已经达到极限了。我虽然想要登到山顶，但我不能拿我的生命开玩笑。”

听完了这个故事，许清风意味深长地接过话：“这就是坚持和放弃之间的抉择，凡事都要讲究天时地利人和，该坚持的时候不能放弃，该退让的时候也不要逞强。坚持还是放弃，要因环境和心态而定。”说罢，他对着女生道：“对于你来说，入职的机会更加重要，所以，你做出的选择是正确的。”

“听你这么一说，我的心里舒服多了。”女生笑着说，“你说得没错，我不能因为一时的玩乐就拿自己的前途开玩笑，哪怕最终的结果不尽如人意，我也不会留下遗憾。”说这话的时候，她的手机铃声响了起来，她接起电话，只说了一声“好的”，就挂掉电话，对着王子轩和许清风道：“告诉你们一个好消息，我通过了复试，我被录取了！”

“太好了！”许清风由衷地笑出了声，“我就知道，功夫不负有心人，你这么珍惜这一次入职的机会，一定可以成功的！”

“谢谢你们！”女生深深鞠了一躬，“是你们带给了我好运。”

“是天时地利人和。”许清风笑着给女生加油打气，“加油！”

女生走后，王子轩终于松了一口气：“多亏了你懂得那些大道理，要不然，我都不知道怎么面对这个女生了。刚刚看她怏怏不乐的样子，我真担心她会哭出来，我最怕的就是女生在我的面前哭了。”

“这个世界上还有你怕的事情？”许清风半开了一个玩笑。“其实，我只是实事求是，实话实说罢了。人生在世，总会面临无数个选择，很多时候，坚持和放弃只是一线之隔，只要理清自己的思路，明确地知道自己想要的是什么，就会做出正确的选择。”他看着王子轩的眼睛，认真地说：“我觉得，这个道理你也应该很清楚，不然，你为什么会说出登山者的故事？”

“我……我只是忽然想起，随口一说罢了。”王子轩将视线移至一边，“好在，最终等到的是一个好消息。”

“没错，”许清风点点头，“这就是‘放弃’带给人的收获。”

## 简单的错误，不要重复第二次

转眼间，王子轩已经在书店工作五天了。他忽然发觉，其实打理书店并没有自己想象得那么无聊，除了结识了每天都会来书店里报到的许清风和姚娜，他还遇见了形形色色的人。

这天下午五点十分，姚娜像平时一样来到书店看书，她给王子轩和许清风各递了一杯奶茶，而她自己却喝起了矿泉水：

“奶茶店特价，买一送一，我不喝奶茶，又觉得不买可惜，于是，就想到你们了。”

“谢谢。”

许清风毫不客气，咕咚咕咚就是一大口，反而是王子轩拘谨了起来。他轻轻地把奶茶放到一边，对着姚娜道：“姚娜姐，你今天准备看什么书？”

“不知道。”姚娜边说边把背包放在了椅子上，自顾自地走到了书架前，只不过她刚拿起一本书，就递给了王子轩，“子轩，为什么你又把书放错了位置？”

“有吗？”王子轩不记得自己犯了这种错误。

“这两本书也放错了。”说着，许清风从书架里取出了两本书，果不其然，他手里拿着的两本书本属于科幻类小说，但是却被放在了历史类小说里。然后，他批评道：“你确实太粗心大意了，如果我没有记错，你以前也犯过这种错误。”

“或许是客人在阅览的时候不小心放错了位置吧……”王子轩将书放在柜台处，自言自语，“这里每天都有那么多的客人，那么多双手，我根本不可能把他们放错的书全部放回正确的位置。”

“将书分类摆放整齐，是你的工作。”姚娜提醒道，“虽然你只是临时代替王老板打理书店，但也要认真地对待自己的工作。”

“话是这么说，可是我对书的内容并不了解，我根本不能将书百分之百地摆放正确，”王子轩禁不住诉起了苦，“更何况很多书光看书名和封面，我根本就不知道应该归类到哪里……”

“难道你不知道，每一本书在封底处都有上架建议吗？”说完这句话，姚娜随手拿起身边的一本书，并指着封底的位置道，“你看这里，就在条形码的上方，上架建议写着‘心灵励志’，所以，这本书不应该出现在‘青春言情’的类别里。”

“上架建议？”王子轩还是头一次听说这四个字，按照姚娜的提示，他将手上的书翻至封底，果不其然，就在条形码的上方写着一排小字——上架建议：外国文学。“真是这么回事！”他惊奇出声，“你怎么不早说？”

“你也没有问过我们啊！”许清风说着，又将一本书从书架上拿了出来，“算了，我决定好人做到底，现在就帮你把放错的书按照类别摆放整齐。但是下一次，这些小事还需要你自己去做。”

说干就干！

三个人分工明确——许清风负责把分类错误的书籍挑选出来，姚娜负责将挑选出来的书籍按照正确的分类摆放整齐，而王子轩则负责将相同的书籍排列在一起。经过半个多小时的努力，书店里的书籍终于被归置得整齐有序。

看着自己的劳动成果，王子轩擦了擦额头上的汗，喘着粗气道：“没想到这还是一个体力活。”

“当然了，很多不起眼的小事累积在一起，就会变成大麻烦。”许清风说罢，将奶茶一饮而尽，“你一定要吸取教训，随时将书籍整理、摆放整齐，而不是把事情都堆在一起，这样不仅会给自己带来麻烦，也会给选择书籍的客人造成困扰。”

“我知道了，”王子轩没再狡辩，而是乖乖地点了点头，“我会注意的。”

王子轩虽然有点儿年少轻狂，但他是一个说到做到的少年，就比如答应王爸爸打理书店这件事，他虽然一千个不愿意，但还是每天早上九点整按时开门营业，从来都没有迟到过。还有对于书籍的摆放，自从他答应了王子轩和姚娜会认真对待，就再也没有出过错了。

对此，姚娜对王子轩竖起了大拇指：“以前觉得你是一个三分钟热度的人，没想到你把书店打理得井井有条，连续三天没有出错了，真了不起。”

“对于我承诺过的事情，我都会认真去做。”王子轩一本正经地道，“简单的错误不要再犯，这个道理我三岁的时候就知道了。”

“那么，你什么时候改掉爱玩游戏的坏习惯？”姚娜哪壶不开提哪壶，“至少，每天要读一个小时的书，日积月累，你也会有收获、有进步的。”

“读书的事情以后再说吧！”王子轩打着哈哈，“姚娜姐，我可并没有向你承诺过，我会戒掉游戏哦。”

“那你就是知错不改，一错再错，罪加一等。”说罢，姚娜打了一个响指，“好了，我要回家了，希望明天你可以意识到自己的错误，并改正自己的错误。”

“明天的事情明天再说。”王子轩将姚娜送出了书店，直至这时，他才发现，今天的夜色比往常更深沉，远远的地方，橙红色的天连着一片铅灰色，清风吹拂着杨柳，别有一番美感。

## 重要的事情先做，次要的事情后做

自从王爸爸去北京学习以后，家里就剩下王子轩和王妈妈了。王妈妈的工作时间很不稳定，有时候加班到深夜，还有的时候一出差就是三四天。这不，这天晚上，王妈妈又收拾好行李出门了，留下王子轩一个人在家不知如何是好。

晚上十点，“智强哥！”王子轩敲着孙智强家的房门，“开门。”

“来了、来了！”孙智强边套上上衣，边火急火燎地打开了房门，见站在门口的王子轩一脸的生气，他愣了一下，“怎么了？和王阿姨吵架了？”

“我妈出差了。”王子轩气急败坏地嘀咕了一句，“这两个‘不靠谱’的大人，把我一个人丢在家里，冰箱里也没有吃的，我饿得睡不着觉。”

“现在还没有吃晚饭？”听到这儿，孙智强急忙把王子轩请进门，“正好我晚上包了饺子，还剩下一大半，我现在就去给你煮饺子。”

十五分钟后，热腾腾的饺子上桌了。

“真想不到，你还会包饺子！”王子轩狼吞虎咽，一口气吃下了五个饺子，“我们家就连我妈都懒得包饺子。”

“没办法，生活所迫。”孙智强笑了笑，“我家人也常常出差，久而久之，我就学会了自己包饺子吃。”他想了想，接着说道：“既然你的父母都不在家，那你为什么不去外面吃点儿东西呢？难道你的身上没有零用钱？”

“我妈给了我一百块。”说着，王子轩将口袋中的钞票拍在了桌子上，“可是有钱也买不到吃的，楼下的拉面馆、米线店全关门了！我想要坐公交车到附近的夜市吃点儿东西，但错过了末班车，又半天拦不到出租车。”王子轩越说越来气，“你都不知道我有多惨。”

见王子轩气冲冲地放下了筷子，孙智强急忙宽慰道：“消消气，消消气。”只是他有一句话不知道当讲还是不当讲，犹豫后，他说：“拉面馆和米线店晚上八点钟才会关门，你的书店六点关门，为什么会赶不上呢？再说了，书店旁边就是超市，你完全可以买点儿吃的以备不时之需。”

“我又不知道拉面馆和米线店八点关门。”王子轩一边说，一边往嘴巴里塞着饺子，“从书店出来以后，我就直接回家了，先是玩了一会儿游戏，接着又看了一会儿电视，当我想到要吃饭的时候，已经九点半了。”

“然后呢？”见王子轩的话没说完，孙智强追问道。

“然后？然后我就跑到楼下的拉面馆了，我发现拉面馆关门了；我又跑到小区后面的米线店，这才知道米线店也关门了。没办法，我又走回了书店，想要到书店隔壁的超市里买点儿面包，可是超市也关门了。”说罢，王子轩深叹了一口气，“真是倒霉透顶。”

听到这儿，孙智强终于明白了：“你啊，别总说自己‘倒霉’，依我看，你之所以会饿肚子，是因为你做事情不分主次。你要知道，做事情要分轻重缓急，这不仅仅是一种生活哲理，也是提高工作效率的方法。”

“我只是贪玩没有注意时间而已，这是个意外。”王子轩摆摆手，“你这个人就是喜欢小题大做。”

“但如果你能够将事情分清主次，这种意外就不会发生了。”孙智强话锋一转，看着王子轩，说，“同样的玻璃瓶，如果你先装石头，再装石子，最后还能装下一把沙子，但如果你将顺序反过来，先装沙子，再装石子，你认为最后还装得下石头吗？”

王子轩想了想，摇了摇头。

见况，孙智强接着道：“同样的道理，如果你把做事的顺序反过来，在书店打烊之后先直接去超市购买食物，再走路到拉面馆或米线店里吃晚饭，当你填饱肚子之后，最后回到家里玩游戏、看电视。你不觉得这样安排时间更加合理吗？”

听孙智强这么一说，王子轩觉得还真是这么一回事：“如果我先去超市买吃的，即便是半夜饿肚子都不怕了。”

“所以说，无论做任何事情，都要分主次，讲先后，只有分清了轻重缓急，才能合理地利用一天的二十四个小时，否则，不单单只是饿肚子，你人生中的一大半时间都会白白浪费掉。”说着，孙智强提到了他的妈妈，“我妈就是个反面教材，她总是想到什么就做什么，一点儿条理都没有。就比如上个周末，她要到银行办理业务，可是当她路过商场的时候，却因为商场打折促销买了一大堆的东西。等她匆匆忙忙地赶到银行时，工作人员早就下班了。”

“阿姨真是太粗心大意了，如果换作是我，我肯定不会犯这种错误。”王子轩嘀咕道。

“你们啊，是五十步笑百步。”孙智强直言快语，“你还不是因为急着玩游戏、看电视，把晚饭的事情忘在了脑后？”

“我……”王子轩无力辩驳，干脆抿抿嘴，不吃了。

“饭，还是要吃饱的。”孙智强笑着将筷子塞回王子轩的手里，“我也只是好心提醒，好了，我不说了还不行吗？”

“我发现，你比我妈还要唠叨。”说完这句话，王子轩将最后两个水饺塞到了嘴巴里，囫囵吞枣地咽了下去。吃完后他站起身，对孙智强说：“时间不早了，我要回去了，虽然你唠唠叨叨个不停，但还是谢谢你的盛情款待。”

“别客气，”说着，孙智强将冰箱里的牛奶和面包拿了出来，“记得带上这个，我可不想你因为赖床而不吃早餐。”

“知道了。”王子轩接过食品袋，只是刚走出一步，他又回过头，“那个……明天晚上，我可以和你一起吃晚饭吗？”

孙智强道：“我可是晚上七点钟准时开饭哦！”

“没问题！”

## 行动起来，好运气就会常伴左右

这天早上，王子轩到楼下的早餐店里点了两个包子和一碗小米粥，只是还没等东西上齐，早餐店里就发生了一件大事……

“服务员！”坐在最角落里的一位女士对着正在整理碗筷的服务员道，“桌子太脏了，你可以帮我擦一下吗？”

服务员没有应声，而是慢吞吞地放下碗筷，拿起抹布拖着步子朝女士的方向走去。老板见况，一把夺过他手里的抹布，麻利地帮客人将餐桌擦拭干净。随后，她把服务员叫到了一边，训斥道：“怎么搞的！我早上不是让你把所有的餐桌擦干净吗？”

老板的话还没说完，另一位客人就对着老板道：“老板，你们店里的垃圾太臭了，能拿出去丢掉吗？”

“来了来了！”老板边应和，边狠狠地瞪了服务员一眼，留下了一句“你给我等着”，就把垃圾丢到了门口的垃圾箱。随后，她压低了声音对服务员道：“桌子你也不擦，垃圾你也不倒，你太能偷懒了！”

“老板，我没有偷懒，我只是动作慢了一点儿，还没有来得及做，”服务员低着头，一脸的委屈，“桌子我擦了，只不过擦了一半……”

“半个小时，你只擦了五张桌子，还说你没有偷懒！”老板越说越气，干脆手一挥，一把扯下了服务员身上的黑色围裙，“算了算了，你还是不要在我这里工作了，请你另谋高就吧！”

本以为这只是一个小小的插曲，可是让王子轩没有想到的是，他和这个被解雇的服务员的缘分还没结束……

十点整，随着一声“你好，有人吗？”一个人推门而入，见来者不是别人，正是在早餐店里遇到的服务员，王子轩立即停止了手上的动作，虎头虎脑地说了一句：“咦？怎么会是你？”

“你认识我？”

服务员眯起眼睛，想了好久也没有想起在哪儿见过王子轩。见况，王子轩尴尬地解释道：“我今天早上在你打工的早餐店里吃的早餐，我看到你……”

“我被老板开除了。”王子轩的话还没说完，服务员就慢吞吞地接过话，“老板说我偷懒，但其实她让我做的事情我都做了，只不过是速度慢了一点儿……”说到这儿，他摇摇头，问：“算了，过去的事情不要再说了，我来你这里，是想要问问你，你们这里招人吗？我想要找一份新的工作。”

“我这里不需要人手。”王子轩对答如流，“一个人就够了。”

“这样啊……”服务员失落地垂下了脑袋，自顾自地喃喃道，“为什么找一份工作那么难呢？这个月我已经找了五份工作了……”

“五份工作？”王子轩吃了一惊，“你为什么要找那么多份工作？”

“没办法，没有一个老板愿意留下我。”服务员看着王子轩说，“我在早餐店里工作了还不到三天就被开除了，这还不是最糟糕的！最糟糕的是，我曾当过两个小时的快递员，两个小时不到，老板就把我打发走了……”

“两个小时？”王子轩好像在听故事，“这也太惨了吧！那么，你有在自己的身上找原因吗？”

“我是个慢性子，做什么事情都不慌不忙的，非常慢，所有的老板都嫌我做事情的时候手脚不够麻利。”服务员自省道，“但这是我的性格，是我从小到大养成的习惯，我‘快’不起来。”

“坏的习惯就要尽早改正。”王子轩回答道，“在我看来，做事情拖拖拉拉，这就是一种坏习惯。我猜，你一定还很喜欢‘拖延’吧？”

“没错，”服务员点点头，“我总是把现在的事情拖到一个小时以后再做，有时候把今天的事情拖到明天再做，明天的事情又想要拖到后天，拖来拖去，一大堆的事情等着我做，可我动作慢，最后就这样了。”

“这是一种病，得治！”王子轩脱口而出，“我以前也像你一样，做事情拖拖拉拉的，没有一点儿时间观念，而且我总是为自己的拖延找各种各样的理由和借口，但其实我知道，我只是懒得做。”

“现在呢？”服务员追问道，“你改掉拖延的坏习惯了吗？”

“算是吧。”王子轩苦笑一声，“至少我现在已经树立了正确的观念，我知道今日事今日毕，坚决不把今天的事情拖到明天。只要想到的事情，我也会立即行动，虽然也常常因为粗心大意而犯错，但是和以前相比，已经进步很多了。”

“你的意思是说，我也可以改掉拖延的坏习惯？”服务员又问。

“当然了，只要你下定决心。”王子轩难得一板一眼地说起了大道理，“明日复明日，明日何其多？你要知道，事情总是要做的，与其把事情拖到明天再做，还不如当下就把事情做好来得轻松。”

“可是，很多时候老板会交代一大堆任务。”服务生诉起了苦，“就比如今天早上，老板又让我擦餐桌，又让我倒垃圾，还让我摆放餐具，我真的不知道应该如何快速地完成这么多任务。”

“如果你毫无头绪，不知道自己应该做些什么，就把今天要做的事情一件一件地写在本子上，一件一件地去完成。”说着，王子轩将抽屉里的本子拿了出来，“这是我爸临走前给我留下的备忘录，上面写着我每一天要做的事情，每一个细节都写得清清楚楚，我每天都要完成这些任务。”

“这么多？”服务员看向被写满的两页纸，“如果是我，我肯定一天做不完。”

“内容看起来虽然多，但都是一些烦琐的小事，比如整理书籍、清理地板，只要你有时间，都可以一件一件地完成，最后在不知不觉间，完成所有的事情。”王子轩看着服务员说，“这也是我代替我爸打理书店之后，慢慢累积的经验，现在我把我的经验告诉你，希望你可以学以致用，早日克服拖延的坏习惯。”

没错，行动起来，事情才可以圆满地解决，但如果将事情一拖再拖，问题就永远都解决不了了。所以，不要一再为自己的懒惰找理由和借口了，即刻行动，从现在开始改变自己的未来吧！

## 换个思路思考问题，难题就迎刃而解

王爸爸在临去北京学习之前，在网上选购了两个超大型的大书架，但因为物流的延误，书架晚到了十几天。此时此刻，王子轩正隔着玻璃窗盯着门口的两个又长又宽的纸箱发愁。

“什么情况……”王子轩自言自语，“把这么一个烂摊子丢给我，真是莫名其妙……”

“怎么了？”刚巧路过书店的孙智强走了进来。“你一个人坐在这里嘀嘀咕咕些什么呢？”说着，他把一杯咖啡啪的一声放到了王子轩的面前，“今天生意怎么样？”见王子轩伸出两根手指头，他试探性地问道：“两本？”

“两本？我卖了二十本书！”王子轩撇撇嘴，“拜托，你也太小瞧我了。”

“一上午你就卖了二十本书？你可真牛！”孙智强禁不住竖起了大拇指。随之，他将视线移至窗外，“那是谁家的纸箱？为什么全都堆在书店门口？我刚刚进来的时候，差点儿绊了一跤。”

“都是你王叔叔干的好事。”提起这件事，王子轩就气不打一处来。“我答应替他看店，但是我没有答应替他验收这两个大书架，”他指了指窗外，“你瞅瞅，那书架又大又重，光一个就五六十斤，我怎么可能一个人搬到书店里。”

“我可以帮你。”孙智强不假思索地撸起袖子，“来，我们一人抬一边，重量就会减少一半。”

“说得倒是轻巧。”王子轩看向书店内几条还不到半米宽的小过道，“你说，书店就这么大，这两个大箱子放哪儿？”

“放在……”孙智强看了看阅览区，又看了看排得密密麻麻的六个小书架，最后，他把视线移到王子轩的脚下，“实在不行，你就勉为其难，把柜台的位置让出来吧。如果把两个箱子立在里面，空间应该够用。”

“那我坐哪儿？”王子轩坚决地摇摇头，“再说了，万一倒了下来，砸到客人怎么办？”想到这儿，他又补了一句，“这个方案不可行。”

“可也总不能一直放在外面吧？”孙智强好心地提醒道，“风吹雨淋也就算了，如果半夜被人当废品捡走了，王叔叔岂不是又要骂你？”

“所以，我打算让它们从哪儿来回哪儿去。”说罢，王子轩拿起手机，“我现在就打电话给我爸，让他联系卖家退货，只要物流公司一来，一切就万事大吉了！”

“那岂不是很麻烦？”说着，孙智强一把夺过了王子轩的手机，“其实，我们可以换一个角度思考问题，你说，王叔叔为什么要买书架？”

“当然是要把旧的书架换掉了。”王子轩脱口而出，“他在电话里和我说，书店的空间太小，想要把四个小书架换成两个大书架，这样一来，不仅能够装更多的书，书店也会变得宽敞许多。”

“所以，我们为什么不把大的书架安装起来，将小的书架直接换掉呢？”孙智强出了一个主意，“这样一来，书架既不用退货，也不用担心没有地方放置了。”

“把书架安装起来？”王子轩似乎在听笑话，“拜托，这可不是小时候堆积木，随随便便就能完成的。”

“不试试看怎么知道呢？”孙智强边说边走出门外，只见他拉开纸箱的一角，看着里面被包裹得严严实实的木板，“依我看，组装书柜并不比堆积木复杂多少，只要按照组装图纸一步一步地组装，很快就能完成。”

在孙智强的鼓励下，王子轩半推半就地裁开了纸箱，霎时，密密麻麻、长短不一的木板子映入眼帘。“太多了吧……”他当即打起了退堂鼓，“算了算了，还是让我爸退货吧，等到他从北京回来之后再买。”

“拆都拆开了，为什么不再动动脑筋呢？”说着，孙智强拿起了其中的一块木板，“你看，木板虽然数量多，但大多都是一个尺寸，我们只需把所有的木板按照组装图纸的提示做好分类，再按照先后顺序用螺丝组装起来就可以了。”

“有这么简单？”王子轩半信半疑地接过孙智强递过的图纸，还别说，虽然木板堆在一起让人看起来毫无头绪，但是经组装图纸这么一说明，思路立即就明朗了许多。看懂了图纸，他不再排斥，而是赞同地点了点头：“你说得有道理，我们可以试一试。”

说干就干！

孙智强负责指挥，王子轩负责操作，两个大男孩虽然都是第一次做这种事情，但在细节上处理得井井有条，仅仅十几分钟的时间，他们就将书架的边框组装完成了。见况，孙智强拍了拍王子轩的肩：“你小子真是深藏不露，没想到你的动手能力这么强。”

“都是你指挥得好。”王子轩难得谦逊了一回。说着，他拿起一块长木板比画着：“你不说我也知道，这些木板要固定在书架的背面。”

“没错，”孙智强看着组装图纸说，“将书架背部的木条按照木板上标记的位置用螺丝固定，再做正面的隔断就完成了。”说完这句话，他放下组装图纸，俯身拿起螺丝，协助王子轩一起继续接下来的组装。

烈日当头，王子轩早已大汗淋漓，但从拿起木板的那一刻起，他再也没有说过放弃。好在功夫不负有心人，五十分钟后，第一个书架组装完成了。看着自己的劳动成果，王子轩只觉得所有的辛苦都是值得的。“太好了！”他对着孙智强道，“这个书架看起来比里面的书架漂亮多了。”

“那是当然了，这可是你亲手努力的结果。”说罢，孙智强用剪刀拆开了另外一个纸箱，“趁热打铁，我们把这个书架也组装起来吧！”

有了经验，第二个书架的组装速度比前一个快了近一倍，不到半个小时的时间，第二个书架就组装完成了。随后，王子轩和孙智强将旧书架上的书按照类别搬到了过道上，再将旧的书架搬出去，新的书架搬进来。最后，当所有的书籍归位之后，小小的书店显得焕然一新。

下午四点整，整理好书架的王子轩坐下来喘着粗气：“智强哥，今天谢谢你了，如果不是你建议我组装书架，我可能就让我爸退货了。”

“不客气。”孙智强爽朗地一笑，“但如果下一次遇到类似的问题，要想着如何灵活地解决，很多时候，只要换一种思路思考问题，问题就会迎刃而解，时间也就不会在你的犹豫不决中白白浪费了。”

“我知道了。”王子轩打趣地道，“下一次组装书架的时候，我还找你。”

“别！我可不是这个意思。”说着，孙智强背上了书包，“记得晚上来我家吃饺子哦！”

“好咧！”

# 第三章
# 态度决定命运，细节决定成败

## 无论任何时候，都不能拿自己的健康开玩笑

姚娜还是每天下午五点准时来书店看书，只不过，她时常会带新的朋友来书店，介绍给王子轩认识，这一天，她带来了一位瑜伽老师。

眼前的瑜伽老师身材高挑，身上穿的运动衣和紧身裤将她原本完美的身材勾勒得更加玲珑有致。当得知眼前的瑜伽老师已经四十五岁的时候，王子轩惊讶地张大了嘴巴："怎么可能？您四十五岁？怎么看起来比我妈妈年轻那么多！"

"她真的四十五岁。"姚娜作证，"她的双胞胎儿子都大学毕业了。"

"骗、骗人的吧……"王子轩满脸的质疑，"我妈妈说，女人生完孩子身材就会走样，脸也会变得苍老许多。"说着，他看了看二十五岁的姚娜，顿了顿道："我觉得，你们两个人的年纪差不多……"

"你是说我看起来有四十五岁？"姚娜霎时黑了脸，"真不会说话！"

"我不是那个意思，我的意思是说，你的朋友像二十五岁。"王子轩急忙解释道，"你们看起来都非常年轻。"

见况，瑜伽老师笑着打破了尴尬的气氛。"小朋友，我真的四十五岁了。"说着，她从钱夹里拿出了她和双胞胎儿子的照片，"你看，这张合照是我和两个儿子在他们大学毕业的那一

天照的。现在，他们两个人都已经工作了。”

“原来是真的……”王子轩喃喃道，“可是，为什么您看起来那么年轻？”

“或许是因为运动和饮食的关系吧。”瑜伽教练笑着道，“作为一名瑜伽教练，我不但要时刻注意自己的形体，还要关注自己的健康。合理的运动和科学的饮食是我保持年轻的独家法门。”

“运动和饮食？”王子轩想了想，“这两样我一样都做不好。”

“你不喜欢运动？”瑜伽老师看看王子轩高大的身材，“你四肢细长，应该很适合打篮球。”

“我只是在上学的时候，偶尔和同学打打篮球。”王子轩实话实说，“我一个人在家的时候，从来都不运动，连从七楼到六楼都要坐电梯。总而言之，能坐着我绝不站着，能躺着我绝不坐着，连我妈都说我一点儿都没有青少年活力四射的样子。”

“缺乏运动，小心你会体弱无力，免疫力下降哦！长此以往，还可能会引起颈椎病，导致消化不良、心脏功能和腹部呼吸功能衰竭，”瑜伽老师侃侃而谈，“我建议你，在饭前可以适当地活动一下，或是做一些有氧运动，对身体有好处。”

“饭前？”王子轩苦笑一声，“我的饮食也非常不规律，有的时候不吃早餐，有的时候不吃午餐，有的时候不吃晚餐，就比如今天，我只吃了午餐这一顿，而且还没有吃饱……”正说着，他的肚子咕噜一叫。

瑜伽老师一听，急忙对他摆摆手。“不行不行！早餐是一定要吃的。你要知道，早上七点到九点是胃经运动的时间，而胃经与脾胃相关，它们会将人体摄入的食物消化吸收，转化成营养物质，维持人的生命。所以，早上一定要吃早餐。如果长期不吃早餐，会引起胃病或患胆结石的！”说着，她看向王子轩放在柜台前的可口可乐，“你是不是还不喜欢喝水？”

“对，我很少喝水。”王子轩回答道，“我喜欢喝可乐和咖啡。”

瑜伽老师道：“水是维持人生命的重要物质，如果没有及时给身体补充水分，不但会使身体的健康受到威胁，严重时会威胁到生命安全！”

“真的假的，有那么夸张吗？”王子轩半信半疑地张开口，我一天不喝水，也没见哪里不舒服啊。”

“当你意识到身体出现病痛的时候，就晚了！”瑜伽教练滔滔不绝地道，“当身体处于缺水状态时，荷尔蒙内啡肽的分泌将受到影响，人就会出现精神紊乱、抑郁失落等症状，同时，体内缺水会使肝脏的压力增大，导致肝脏活动出现异常。不但如此，人还会出现便秘、口臭的现象。”说到这儿，瑜伽教练郑重地问王子轩：“难道你现在还觉得不喝水是一件无关紧要的事情吗？”

“听您这么一说，好像喝水还是挺重要的一件事。”王子轩尴尬地一笑。

“那是当然了，”说着，瑜伽教练注意到了王子轩的黑眼圈，“如果我没有猜错，你还有熬夜的坏习惯。熬夜会导致人精神萎靡，免疫力下降，还容易引起呼吸道疾病和消化疾病，长期熬夜还会导致内分泌失调和高血压。”

“我……我现在已经很少熬夜了。”王子轩急忙向姚娜发出了求救的信号，示意姚娜帮他说两句好话。

可是姚娜却不这么认为，她放下手中的书，一只手叉着腰严厉地道：“我的朋友说得没有错，你不能仗着自己还年轻，就肆意地挥霍健康的资本。在我看来，你的某些对健康不利的坏习惯都应该改掉。”说罢，她又加了一句：“我们是为你好。”

“是是是，为我好。”原本就不善于与人交流的王子轩顿时成了两个女人指责的对象，“我改，改还不行吗？”

“改？怎么改？”姚娜不依不饶。

“我……每天坚持吃早餐，尽可能地不熬夜。”王子轩不情愿地看着姚娜说，“这样总行了吧？”

“还要戒除饮料和零食，多喝白开水，多吃水果和蔬菜。”姚娜说罢，看向瑜伽教练，“我说的没错吧？”

“没错，保证饮食健康和充足的休息后，还要适当运动。”瑜伽教练补充道，“只要你做到了这几点，二十年后的你，也会像现在一样年轻！”

## 小心你的小情绪，坏了你的大前途

王子轩有一个坏习惯——容易情绪化。

这日的天空湛蓝得像是被洗过一般，轻风吹拂着杨柳，处处都是鸟语花香。这本是一个惬意的午后，可是王子轩却因为输了一场游戏而闹起了情绪，他啪的一声将手机扔到了柜台上，一个人生起了闷气。

突兀的声音吓了许清风一跳，他猛地抬起头来，看向王子轩：“老弟，你怎么了？”

“没什么。”王子轩爱答不理地哼了一声，“只是运气不好，又碰上了‘猪队友’，害我掉了分。”

“就这事？至于让你扔手机？”许清风嘀咕了一句，“丢了分而已，又不是丢了钱……”

“这是两码事。”原本就一肚子气的王子轩黑着脸瞅了许清风一眼，“你又不玩游戏，你怎么知道那一分对我来说有多重要……”他的话还没说完，一个快递员就火急火燎地闯了进来……

“你的快递！”

快递员连看都没看，就径直将一个包裹嘭的一声放在了柜台上，头也不回地走掉了。见况，许清风急忙凑了过来：“你又买了什么好东西？”

“我没有网购。”说着，王子轩看向快递单上的收件人姓名，“李梅？我根本就不认识这个人，而且包裹上的地址也不是书店。”

“或许是哪个客人暂放在这里的包裹吧。”许清风想了想道，“王老板经常代客人收揽包裹的，所以很多客人在电话中直接让快递员将包裹送来书店。”

“或许吧。”王子轩边说，边把包裹收到了柜子里，殊不知三分钟过后，那个快递员又找上门来……

“你不是让我帮你把包裹放到书店吗？现在又让我爬楼送去你家，你是故意找碴吧？”快递员对着电话那头大声道，“要拿你自己下来拿，我还有很多快递要送呢！”说完这句话，他果断地挂掉了电话，一屁股坐在椅子上喘起了粗气。

见况，许清风急忙用一次性水杯接了一杯白开水递了过去：“别生气，小心气大伤身！”

“我能不生气吗？”快递员瞪着眼睛，扯着嗓子道，“这个人太无理取闹了！我在她家楼下给她打电话，让她下楼取包裹，她说她不在家，让我帮她把包裹送到她家门口，她说她家会有人代替她接收包裹。没办法，我只能爬七层楼到她家门口，可敲了半天门并没有任何人回应；我再一次拨通了她的电话，她在电话中和我说，让我把包裹暂时放到楼下的书店里，于是我又跑下楼来，将包裹放在书店里。可是我刚走出书店没多远，她又给我打电话，说家里已经回来人了，让我再把包裹送上去……你们评评理，这件事情究竟谁对谁错？”快递员越说越生气。

“这件事情……”许清风看向王子轩，“我觉得你们两个人都有错。”

“我有错？”快递员指着自己的鼻子，“我按照她的要求把包裹送到了七楼，又按照她的要求把包裹送到了书店，我哪里有错？”

“错就错在你刚刚在电话中态度太恶劣，太过于情绪化。”许清风壮着胆子道，“你完全可以换一种说话方式。你可以说，抱歉，我还有很多包裹没有送完，您能不能回家的时候顺便到书店里取包裹呢？我先谢谢您了！我想，你用这种口吻和语句来说话，效果会比你直言快语好很多。”

“明明是她得寸进尺，我为什么要和她好好说话？”快递员想不明白，“难道就因为她是客户，我就要低声下气地满足她任何不合理的要求吗？”

“你说对了，就因为她是客户，所以你必须要和她进行良好的沟通。”许清风一字一顿，“你不妨换位思考一下，如果你是她，你在电话中受到了快递员的责备，你会怎么想？”

“我肯定会投诉这个快递员……”只是话一说出口，快递员就猛地止住口，“不对，我应该不会向快递员提出这么无礼的要求。”

“可是在我看来，不管谁有错在先，谁先发脾气就是谁不对。”许清风语重心长地道，“绝大多数成熟的人，都是从学会控制自己的情绪开始的。只有懂得控制情绪，一个人才能在生活和职场中游刃有余。而你，遇到一点儿小事就大动肝火，完全不懂得控制自己的情绪。”

“我……我也是被逼的！”快递员语气虽然强硬，但是从他躲闪的眼神中可以看出，他的内心有了一丝动摇。

见况，许清风接着道：“每个人都有情绪，都有想要发脾气的时候，关键在于在是是非非面前，你能否控制住自己的脾气，避免给彼此造成不良的影响。想想看，如果客人因为你的一句气话投诉你，你因此丢失了一份工作，最后吃亏的人是谁呢？”

“我……”快递员想要争辩，但又找不到合适的理由，于是，他硬生生地把一肚子的气咽了下去。

“放宽心吧！在生活中难免会遇到让你不愉快的人和事，难道每次遇到不称心如意的事情都要恼羞成怒吗？”许清风宽慰道，“你不能控制别人不犯错，但是你可以控制自己的心境，让自己心平气和，正如人们常说的那一句——‘命由己造，相由心生，境随心转，有容乃大’。一个人应该具有广阔的胸怀和气度，懂得包容，懂得忍让。”

没错，一个懂得控制情绪的人，才是成熟的人。如果一个人连自己的情绪都控制不了，经常因为一点儿小事发脾气，必定会沦为情绪的奴隶，一辈子都成就不了大事！唯有懂得包容，懂得忍让，能够时刻控制住自己情绪的人，才会有所成就。

面对许清风的侃侃而谈，快递员顿时哑口无言。同时，坐在一旁默默关注这一切的王子轩的内心也受到了深深的触动。

他也是一个容易情绪化的少年，缺乏耐心，暴躁易怒，有时仅仅因为一些鸡毛蒜皮的小事就无缘无故地发脾气，现在想一想，那些不理智的行为真的是太幼稚了……

## 坚持比放弃困难一百遍，但还是要选择坚持

本以为“包裹事件”已经告一段落，殊不知一波未平，一波又起，就在快递员打起精神站起身时，一通电话彻底让他愤怒了。只听他对着电话的那头说了一句“我知道了！”就气冲冲地把手机揣到了口袋里。

“又是那个客户的电话？”一直没有说话的王子轩壮着胆子道，“她让你把包裹送到她家门口？”

“是我们经理的电话，”快递员耐着性子道，“他说有客户投诉我服务态度恶劣，对我进行了严肃的警告。”他咬牙切齿地道：“一定是那个可恶的女人！真是恶人先告状，我受够了！”

“那、那你接下来准备怎么办？”意识到大事不妙的许清风急忙出了个主意，“事情已经发生了，就要及时处理！我认为，她既然投诉了你，你就有必要再和客户进行一次沟通，顺便道个歉，息事宁人。”

“我向她道歉？”快递员仿佛听到了一个大笑话，“呵！拜托，明明是她莫名其妙，无理在先！我才是受害者。”

“可是你刚刚在电话里的态度确实恶劣。”许清风边说边把包裹递到了快递员的手上，“听人劝吃饱饭，如果你不想把小事闹大，就给客户回一个电话，再帮她把包裹送到她家门口，这样一来事情就解决了。”

“我不！”气头上的快递员猛地将包裹丢到一边，“要拿她自己来拿，我倒是要看一看，她除了投诉我之外，还能拿我怎么着！”

“难道你不怕因此而丢了工作吗？”王子轩怯怯地问道，“如果她再投诉你，事情就闹大了……”

“不做亏心事，不怕鬼敲门，我才不怕呢！大不了我不干了！”说着，快递员将头上的安全帽摘了下来，“本来我就不想做这份工作了，如果因为这件事情把我辞退了，我无话可说。”

“为什么？”许清风想不明白，“好好的一份工作，为什么不做了呢？如果我是你，我一定会珍惜自己的工作机会的。”

“那是因为你不知道快递员有多辛苦！”说到自己的辛酸史，快递员叹了一口气。“天还没亮的时候，我们就要到站点清点包裹。无论刮风还是下雨，我们都要将包裹一个一个送到客户的手上。面对客户提出的无礼要求，我们只能委曲求全，有时候连吃午饭的时间都没有，一忙就忙到傍晚。”说着，他指了指门口的电动车，“你看，那里还有十几个滞留包裹呢！我还要把这些包裹送回站点，明天再送一次。”

不得不说，快递员真的很辛苦，可是许清风却觉得，这个世界上哪有不辛苦的工作呢？想到这儿，他缓缓开口：“虽然你很辛苦，但是既然你选择了这份工作，你就要接受这样的工作性质，选择了就要坚持下去。只有坚持下去，你的工作才会越做越好，越来越轻松，不是吗？”

“坚持？你教教我怎么坚持？”快递员苦笑了一声，语气也平和了不少，“我的耐心已经到极限了。”

“你知道达·芬奇画了几年的鸡蛋吗？”许清风忽然虎头虎脑地问了一句。

“不知道。”快递员摇摇头。

“六年。”许清风脱口而出，“在达·芬奇十四岁的时候，他曾到佛罗伦萨拜著名的艺术家韦罗基奥为师。当时，老师让他画鸡蛋，他觉得画鸡蛋太简单了，于是就拿着画笔在纸上画了一个又一个。殊不知到了第二天，老师还是让他画鸡蛋，接下来的每一天都是如此。后来，达·芬奇质疑地问道：‘老师，您为什么每天都让我画鸡蛋，难道我的能力只能画鸡蛋吗？’只听老师回答说：‘你可不要小瞧了鸡蛋，鸡蛋看上去普通，但是每一枚鸡蛋都是不一样的，你能找到两枚一模一样的鸡蛋吗？’”

听完了达·芬奇的故事，王子轩自顾自地接过话：“没错，鸡蛋虽然看起来大致相同，但是仔细分辨起来，却各有各的不同，并且从不同的角度观察，也能看到不一样的形状，画在纸上，也会因为光线的影响呈现出不同的感觉。”说着，他看向许清风问道，“可是你说的这些，和快递员有什么关系吗？他是快递员，是专门给客户送包裹的，他又不是画家，专门画画的。”

“当然有关系了。”许清风意味深长地道，“在我的眼里，无论是画家还是快递员，都要尽职尽责，做好自己的本职工作。画家的工作是作画，快递员的工作是送包裹，只有把分内的工作做好，才能解决更加复杂的难题。”

“你的意思是说，快递员没有做好自己的本职工作？”王子轩越听越乱，干脆甩了甩头，说了一句，“我糊涂了。”

“我的意思是说，无论做任何工作，都不能因为一点儿难题就放弃，只有日复一日地坚持下去，才能练好基本功，游刃有余地处理任何难题。”许清风看着快递员说，“而你，只因为和客户闹了一点儿不愉快，就有了放弃这份工作的念头，实在是不应该。想想看，如果你从事了其他工作，你敢保证永远都会一帆风顺吗？”

许清风的这番话说得合情合理。是啊，放弃虽然简单，但如果每碰到一点儿不称心如意的事情就选择放弃，人就没有办法获得进步。只有迎难而上，坚持不懈地走好脚下的路，未来才能大展宏图。

在许清风的劝导下，渐渐冷静下来的快递员终于打消了放弃的念头。他重新拿起包裹，对着许清风和王子轩道：“算了，不就是再爬一趟七楼吗？就当锻炼身体了。”说着，他走出了书店，再也没有回头。

## 不以善小而不为，不以恶小而为之

这天傍晚，孙智强忽然跑到书店找到王子轩，要请王子轩吃火锅。当时，书店就剩下王子轩和姚娜两个人了，姚娜一听到“火锅”两个字，口水都流了出来：“我每天晚上都吃泡面，已经好久没有吃火锅了。”

“那就一起去吧！”只见孙智强从口袋中掏出了一张两百元的优惠券，“反正我们两个人也吃不了这么多。”

三人一起来到火锅店里。此时此刻，小小的店面已经座无虚席，孙智强好不容易在角落里找到了一张空桌子，这才把服务员叫了过来：“你好，我们想要一份C套餐。”服务员年纪不大，看起来二十岁出头的样子。他拘谨地点点头，随后送来了餐具和茶水，一句话都没有说。

服务员走后，姚娜对孙智强抱歉地笑了笑：“真是不好意思，其实我只是随口一说，完全没有要‘蹭饭’的意思。”

“没关系，我经常听子轩提起你。”孙智强的笑容一如既往的灿烂，“他说，你是一个非常努力、奋进、有主见的女生，每天下班之后都会到书店里看书、学习，还说，你的目标是读完所有关于经济学、金融学的书籍。”

“对，我想要学习更多的知识，用知识填充我的大脑……”只是她的话还没说完，她就指了指坐在他们不远处的那一桌客人，“你们看，他们在做什么？”

不看不知道，一看吓一跳，那一家三口中的女主人正鬼鬼祟祟地把手放到背包里，趁着服务员走过的时候，将携带的一小包羊肉卷倒入了锅中，见况，王子轩倒吸了一口凉气，压低了声音道：“他们竟然自带食材！”

“真的假的？”半信半疑的孙智强转过身子，朝着一家三口的方向看去，见他们有说有笑，和平常的客人没有什么两样，他又看向王子轩，“该不会是你看错了吧？火锅店里有明确的标示——禁止自带食材和酒水。”

“我看得清清楚楚。”王子轩看向姚娜，“是你先看见的，对吧？”

“我敢肯定，我没有看错。”姚娜一本正经地道，“我看到那位女士将背包里的食材放入了锅中……”猛地，她睁大了眼睛：“你们快看！”

这一次，孙智强清清楚楚地看到背对着他的那位女士从背包中拿出了一大把白菜叶放入了锅中，不知道是不是因为做了亏心事，她左右看了看，见并没有人察觉到她的异常，这才放心大胆地吃了起来。

见况，孙智强皱起了眉头。“他们为什么要这样做？既然选择了在火锅店消费，就应该支付相应的费用，或是获得火锅店老板的许可后再添加自带的食材，而不是打着‘消费者’的名义为所欲为。”他对着姚娜道，“怎么办？”

“怎么办？还能怎么办？”王子轩耸耸肩，“虽然我是第一次见到有人这么做，但是我相信，他们肯定不是唯一的自带食材或是酒水的客人。”

“可这是错误的。”向来说一是一、说二是二的孙智强看不惯这种行为，“不行，我得告诉服务员。”

“你千万不要多管闲事！”姚娜急忙拦住了孙智强，“你这样做对你没有任何好处，反而会给自己带来麻烦！”姚娜说这一句话的时候已经晚了，此时此刻，服务员已经来到他们的身边。

“你们这里允许自带食材吗？”孙智强开门见山地问道。

“不允许。”服务员指了指贴在正门口的标示，“那里写得清清楚楚，不允许自带食材或是酒水。”

“可是，我看到有客人带了食材，擅自放入了锅中。”孙智强一字一顿，“我觉得看到了这种情况，你有必要前去制止。”

听到这儿，服务生露出了为难的表情：“其实，我们这里经常会出现客人自带食材的情况，我们也多次进行提醒，但是效果并不明显。而且，我们非常担心外带食材的食品安全问题，万一食材不符合卫生标准，客人在食用后出现不适的状况，我们也会非常为难。”

“所以，你们现在已经默认了这种行为？”姚娜问道。

“也不完全是这样……”服务员尴尬地一笑，“通常情况下，我们会在不影响其他客人用餐的情况下稍做提醒，绝大多数客人会把自带的食材收起来，但也有一部分客人态度强硬，我们也无可奈何。”“正如你刚才说的，”孙智强道，“外带的食品安全得不到保证，对客人来说也是生命安全隐患，这一点如果写在门口的标示旁边，而不是冷冰冰只写一句‘不允许’，会不会让客人更能接受？”

服务员笑了：“你说得有道理，我一会儿就去和经理提建议。谢谢你们。”服务员鞠躬离开后，走到自带食材的那一桌客人旁边，礼貌地提醒了他们。那位女士尴尬地笑笑，没有说话，但在王子轩一行人离开店里之前，她都没有再拿出外带食材了。

不以善小而不为，不以恶小而为之。每个人的素质和修养不一样，但不管他人如何做事，你都要严于律己，把握原则，遵守规则，同时，从他人的所作所为中吸取经验和教训，做个有原则、明道理、知是非的正义少年。

## 面子是个“害人精”，做人要多替自己着想

走出火锅店的时候，姚娜接了一通电话，随后她放下电话，对着王子轩和孙智强抱歉地道：“对不起，我要赶回公司加班，不能和你们一起去逛夜市了。今天谢谢你们的款待，改天我一定请你们吃好吃的！”

“姚娜姐，你的同事为什么总是让你帮她完成工作？”王子轩诧异地问道，“而且你刚刚答应了我们，要带我们去最热闹的夜市呢！”

“实在是抱歉，我也是刚刚接到同事的电话，她的工作完不成，临时让我去接手，我也不想这样。”说着，她拍了拍王子轩的肩，“放心好了，我明天还会去书店的，到时候，我一定带你们去夜市吃个够！”

姚娜火急火燎地跑掉了，留在原地的王子轩和孙智强面面相觑。“什么情况？”孙智强冲着王子轩眨了眨眼，“她经常这样？”

“没错。”王子轩边迈开步子，边点头说，“她经常帮她的同事工作，只要一接到同事的电话，她就第一时间赶到公司加班，有的时候会加班到凌晨。”

“太夸张了吧……”孙智强拉长了尾音，“如果是自己的本职工作，我可以理解她加班到深夜，但如果是为了同事的工作，我觉得她完全没有必要有求必应，浪费自己的时间和精力。”

“其实对于这件事情，她也很懊恼。”王子轩实话实说，“前几天她还向我诉苦，说同事的工作不按时完成，作为同一个小组的成员，只能无条件地帮助同事去完成。她还说，她很怕自己拒绝了同事的请求，会给自己带来不必要的麻烦。”

“那岂不是‘人善被人欺，马善被人骑’？”孙智强愤愤不平地道，“而且，如果有人抓住了她有求必应的弱点，她就很容易落入别人的圈套中，这样一来，她就会有做不完的事，忙不完的工作。”

“我觉得，她已经被人算计了。”王子轩撇撇嘴，“我刚认识她的时候，她只是到书店里看书，但是现在，她每天都要拿着笔记本电脑来书店工作，还时常接到同事的催促电话。我劝过她不要太善良，这种性格很容易被他人利用，可是她总是做出一副无可奈何的表情，不知道如何拒绝。”

“依我看，她是怕‘撕破脸’，怕和同事闹出不愉快，”孙智强一句话说出了重点，“简单来说，就是好面子，脸皮太薄。”

“是这样吗？”王子轩歪着头，等待着孙智强的下文。

孙智强接着道：“通常来说，好面子的人往往都有求必应，因为他们害怕得罪别人，害怕自己的人缘受到影响。哪怕是不合理的请求也会笑着答应，因为对于他们来说，别人永远比自己更重要。”

“还真是这么一回事，”王子轩想了想姚娜近期的种种行为说，“她总是在电话里和对方说‘没问题，包在我身上’，但是电话挂断后，她就黑着脸向我诉苦，说她其实并不想帮忙，她想要看书。她的确有点儿好面子。”

“面子是个‘害人精’，好面子是一种病，得治！”孙智强打了个响指，“下一次她再接到同事的电话，你第一时间告诉我，我有办法让她意识到自己的缺陷。”

说来也巧，就在隔日的傍晚，姚娜刚来书店，就接到了同事的电话，她对着电话那头说：“你放心好了，今天晚上我就算是一夜不睡，也会帮你完成工作的。”挂掉电话，她自顾自地叹了一口气，对着王子轩道：“真是抱歉，我今天没有办法带你去夜市了。”

“没关系。”

王子轩嘴上这么说，但是转过身就给孙智强发送了信息。接到信息的孙智强很快就来到了书店。他见姚娜正坐在椅子上对着电脑“奋笔疾书”，于是轻轻地咳嗽了一声，对着姚娜道：“真巧，我正好有事想要请教你。”

“你……你好。”姚娜转过身子，停下了手上的动作，强颜欢笑地道，“什么事？”

“我未来也有学习经济学的想法，所以想要向你请教一下专业方面的知识。”说着，他从包里拿出了一本又重又厚的书，“我在这些书上用铅笔标注了很多不懂的问题，我想你一定会帮我解答的。”

“一定要今天吗？”姚娜为难地抬起头，“我现在……”

“一定要今天。”没等姚娜说完，孙智强就打断了她的话。“明天我就要把书送回图书馆了，所以今天晚上之前，我必须要弄明白所有不懂的问题，再将重点记录到笔记本上。”他看着姚娜请求道，“应该没有问题吧？”

“没有。”有求必应的姚娜急忙摆摆手，“那我们现在就开始吧！”

姚娜是经济学专业毕业的，再加上有了一段时间的工作经验，在回答问题的时候有条不紊，涉及专业知识时，她更是对答如流，可是孙智强看得出来，她有些心不在焉。

“姚娜姐，难道你还有其他的工作要忙吗？”孙智强明知故问。

“没……没有。”姚娜口是心非，“来，我们继续下一个问题。”

“既然你没有事情要忙，那就结合知识点，扩展性地讲一讲你在工作中遇到的真实例子，可以吗？”孙智强试探性地问道，“这对你来说应该是小菜一碟吧？”

“当然可以。”姚娜帮忙到底，清了清喉咙讲起了她在职场中遇到的案例，直至六点半，她才喝口水润了润喉，看向孙智强，“时间不早了，书店也要关门了。要不，你把书上的问题抄写在笔记本上，我明天晚上再做解答？”

“没关系，我们可以到咖啡厅，我知道这附近有一家咖啡厅，环境还不错。”说罢，孙智强看向姚娜一直处在待机状态的笔记本电脑，“当然了，如果你有别的事情要忙，我可以明天再来找你。”

“我……”姚娜陷入了左右为难的境地中。说实话，她并不是不想替孙智强解答问题，而是她的的确确没有时间，如果她真的把所有问题全部都回答完，至少还要三个小时，这样一来，她就真的没有时间睡觉了。

似乎是意识到了姚娜的为难，孙智强挑明了事实：“姚娜姐，其实，我知道你还要替你的同事完成工作，既然你没有时间，为什么不明明白白地拒绝我，并说明原因呢？”

“你……你怎么知道？”姚娜一惊，“我并没有告诉你我要替我的同事完成工作。”

“我从你的一言一行中已经猜到了，而且，我也感受到了你的为难。”孙智强步入正题，一字一顿，“你因为担心破坏你和同事之间的关系，所以答应了同事的请求。同样，你因为担心破坏我们之间的关系，所以答应了我的请求。请问，如果王子轩还有事相求，你还会答应吗？”

“我……”姚娜想了想，“我一定会。”

“可是，你的时间是有限的，即便你有三头六臂，你也不可能同时处理那么多的问题。更何况，大家都是凡人，都需要时间休息。”孙智强顿了顿，“你总是有求必应，顾及面子，仔细想一想，面子真的有那么重要吗？”

“我……”姚娜欲言又止，“我没有办法，我不知道如何避免这类情况发生。”

“很简单，大大方方地说出你的想法，遵从自己的初衷，而不是和自己的意愿背道而驰。”孙智强道，“面对他人的请求，你可以力所能及地提供适当的帮助，但万万不可以大包大揽。如果你觉得对方的请求不合理，一定要在第一时间说出你的顾虑和拒绝的理由，你拥有表达自己观点，并做出选择的权利。”

“哪有你说得那么简单……”姚娜垂下头，喃喃自语，“成人的生活，比你想象的复杂多了。”

“就是因为生活很复杂，所以才要让自己简单一点儿。”孙智强脱口而出，“当他人提出的请求并不合理，或你并没有时间和精力帮他人完成某件事情时，就要选择维护自己的权益，果断地拒绝他人。人人都是独立的个体，都有自己的追求和意愿，任何人都不必因为他人的意愿改变自己的初心，不是吗？”

不得不说，孙智强年纪虽小，但是大道理懂得比谁都多，简简单单的几句话，就让姚娜哑口无言……

事实也是如此，忍无可忍，无须再忍，面对不合理的请求，不想做的事情就不要做，不必因为“面子”而委屈自己。这是多么简单的道理，可为什么人越是成长，越是不明白呢？

## 拒绝懒惰，从现在做起

“什么样的态度，就决定了你拥有什么样的人生。”王子轩今天才真正体会到这句话的真实含义。

王子轩有一个表姐，叫苏青夏，青是“青草”的青，夏是“初夏”的夏，名字乍听之下非常文艺，可是王子轩怎么也没有想到，苏青夏本人的性格和她唯美的名字完全不沾边儿。

今天是王子轩第一次见到苏青夏本人。她戴着红框近视眼镜，留着一头齐耳短发，白皙的脸颊上都是青春痘。她的穿着打扮、一举一动，都像一个男孩子。

这天晚上，王子轩把王妈妈拉到了书房里：“妈？这到底是怎么一回事，为什么生活在外地的表姐忽然要住到我们家？”

“嘘！小点儿声……”王妈妈瞅了瞅门外，随之紧锁房门，“你青夏姐姐大学毕业好几年了，一直没有找到合适的工作。

这不，好不容易等到了一个大公司的面试机会，又刚好在咱们所在的城市，所以就暂时住在这里了。”

“那……那她要住几天？”王子轩不情愿地道，“我总觉得她有点儿怪怪的，不说话，也不理人，每次吃完晚饭就一股脑儿地钻到被窝里……”说着，他指了指卫生间的方向：“我从来都没有看到过她洗澡。”

“这是个人习惯。”王妈妈也不知道说些什么好，索性对着王子轩命令道，“记住，来者都是客，何况青夏是你的表姐，无论如何，我们都要好好招待她，不要小题大做。”

无奈之下，王子轩只能选择接受现状，并尝试着和苏青夏和平相处。可无风不起浪，这天一大早，王子轩竟然在洗衣机里发现了两双臭袜子！忍无可忍，他第一时间找到了苏青夏，硬着头皮问道：“青夏姐，洗衣机里的两双袜子是你的吗？”

“是啊，”苏青夏若无其事地对着镜子挤着脸上的青春痘，“怎么了？”

“袜子不能扔到洗衣机里。”王子轩耐着性子道，“袜子有太多的细菌，需要手洗，况且洗衣机里还有我的衣物。”

“大惊小怪！我在家里都是把袜子丢到洗衣机里洗的。”苏青夏瞄了王子轩一眼，没好气地道，“我懒得洗，要不，你帮我洗？”

一听这话，王子轩就气不打一处来，但是想到妈妈临上班之前给他的忠告，他只能忍气吞声地把自己的衣服从洗衣机里拿了出来丢到脏衣篓里，随苏青夏去了！殊不知一波未平一波又起，两分钟后，只听苏青夏扯着嗓子对着王子轩喊道：“喂！老弟，帮我把牛奶拿进来。”

“你为什么不自己拿？”站在房间门口的王子轩不满地皱起

了眉头。

“我懒得拿，”说着，她冲着王子轩摆了摆手，“快，帮我拿过来。”

“我不拿！要拿你自己拿。”王子轩也不是吃素的，“再说了，早餐就应该到餐桌上吃，而不是拿到房间里吃。”说完，他穿上外套，背上书包，头也不回地走了。

刚走出小区，王子轩就和正在晨跑的孙智强打了个照面。“智强哥。”他礼貌地打了声招呼，就没有了下文。见王子轩低着头黑着脸似乎藏着什么心事，孙智强急忙冲着他的背影唤了一声：“这么早？去哪儿？”

王子轩停下脚步，转过身，说：“还能去哪儿，当然是要去书店了。”

“这么早？”孙智强看看手腕上的运动手表，“现在还不到八点，平时你不都是九点才去书店的吗？”

“别提了！自从我表姐暂住在我们家以后，我一秒钟都不想在家里多待。”说这话的时候，王子轩只觉得一肚子火，“我从来没有见过一个女孩子这么懒，懒得洗澡，懒得洗袜子，就连一杯牛奶都懒得拿……她原本前天就应该去面试的，可是就是因为她懒得起床，错过了面试的时间，所以才改到今天。”

“不至于吧……”孙智强半信半疑地开口道，“你的表姐真有这么懒？”

“千真万确。”王子轩补充道，“从她住到我们家的那天起，我就没见她叠过被子，不但如此，客房也被她弄得乱糟糟的，垃圾也从不清理，昨天晚上，还是我妈帮她收拾的房间呢！”

“太可怕了……”孙智强甩甩头，“如果我的表姐也是这样，我会抑郁的。”

“我已经抑郁了！”王子轩摆摆手，“算了算了，抱怨再多也没有办法解决问题，我惹不起躲得起，还是到书店里‘避难’吧！”

可这个世界上所有的事情都是躲得过初一，躲不过十五。当天晚上，当王子轩得知苏青夏又错过了面试的时间时，他从床上跳了下来：“怎么可能！我出门的时候，她明明已经起床了！”

“是起床了没有错，可是她说太阳那么大，她懒得出门……”说完这句话，王妈妈叹了一口气，“我现在也不知道应该怎么办才好，如果她总是这个样子，恐怕还要在这里住一段时间。”

见妈妈愁眉苦脸的模样，王子轩调侃道：“妈，您之前怎么和我说的？您说来者是客，更何况是自己的表姐，要热情款待，不能小题大做。”说罢，他努努嘴，“怎么着？您现在不也是一个头两个大了？”

“我不知道你表姐她这么懒……”王妈妈压低了声音，“我已经帮她洗了好几天袜子了……”

“什么！她的袜子是您帮她洗的？真是太过分了！”王子轩啪的一声拍向桌子，“不行！我现在就去找她理论，哪有让您给她洗袜子的道理？我的袜子都自己洗呢！简直懒到极点，不可理喻！”

“别冲动！千万不要把小事闹大，影响亲戚之间的感情。”王妈妈急忙制止，只是转念之间，她又叹了一口气，“现在我终于知道你表姐为什么大学毕业这么多年都找不到合适的工作了。如果我是老板，我也不会录用她，毕竟一个人的生活态度，也多少能反映出她的工作态度。”

“就是，她实在是太懒了，生活上是这样，工作上也一定是这样。”王子轩嘀咕道，“就她这个样子，恐怕永远都找不到男朋友！”

“别胡说八道。”王妈妈即刻用手捂住了王子轩的嘴巴，“做人不能乱说话！”

“我没有胡说八道，我是认真思考之后得出的结论。”王子轩把王妈妈的手推到一边，字字清晰，“反正我是不可能喜欢她的！而且，我非常讨厌她。”

“算了算了，得饶人处且饶人吧！”王妈妈无可奈何，只能认了栽，“明天早上，我会和她好好沟通的，兴许她以后就不会那么懒惰了。但是在此之前，你千万不要再和她发生口角了！”

“如果她继续得寸进尺怎么办？这次让您洗袜子，不知道下一次又让您做什么呢？”王子轩撇撇嘴，“您就是心太软，如果换作是我，我才不会纵容她的懒惰呢！”

“好好好，是我不对，我不应该纵容她……”王妈妈再次妥协，“明天，明天我一定想办法，让她去面试。”

## 通宵打游戏？你应该长大了

王妈妈只知道苏青夏懒惰成性，却不知道她也是一个彻头彻尾的“游戏迷”。

这天早上，为了避免苏青夏再一次因为懒惰错失面试的机会，她专程请了假，想要亲自送她到面试的地点。殊不知当苏青夏走出房间时，脸色蜡黄，眼下挂着大大的黑眼圈，精神极度萎靡。

“青夏，难道昨天晚上你没有睡好？”王妈妈边说边凑上前去，“天太热？还是蚊子多？要不，我帮你装一个蚊帐？”

“天不热，蚊子也不多，我是玩游戏一晚上都没有睡……”说着，她从口袋中拿出手机，“你看，我只用了五天时间，都快要升到一百级了。”

“什么游戏？”正在餐桌前喝牛奶的王子轩霎时来了兴致，“我也喜欢玩游戏。”

“我玩的游戏和你玩的游戏不一样。”说这话的时候，苏青夏微微扬起了头，“我玩的是女生的游戏，而且，我还是‘人民币玩家’呢！”

“切！你不说我还不想知道呢！”说着，王子轩自顾自地咬了一口三明治，翻了个白眼，“谁稀罕！”

见况，王妈妈急忙对王子轩使了一个眼色，示意他少说一点儿。她冲着苏青夏笑道：“青夏，今天是你面试的日子，抓紧时间洗漱、吃早餐，我刚好有空，可以送你去公司面试。”

“今天？”苏青夏还真就忘了今天是面试的日子，她啧了一声，对着王妈妈道，“就我现在的精神状态，能面试吗？”

“既然答应了对方面试，无论如何你也要去啊！”王妈妈硬着头皮劝慰道，“这可是最后的机会了。”

“就因为是最后的机会，所以我才不能轻易地浪费掉这次机会。”苏青夏指了指自己布满红血丝的双眼，“如果我现在去面试，百分之百不会通过的。”说罢，她打了一个哈欠：“既然事情已经成了定局，我还不如躺在家里玩游戏，争取冲到一百一十级呢！”

“青夏，难道玩游戏比找工作还要重要吗？”王妈妈想不明白，“你要知道，休闲娱乐只是你人生的一部分，只占据了你人生中极小的一部分，而你却因为玩游戏一晚上没有睡觉，你不觉得这样做是不正确的吗？”

“可是我现在没有工作。”苏青夏说得头头是道，“在没有工作的情况下，我有权利分配自己的时间，晚上的时间你们用来睡觉，而我用来玩游戏，我觉得没有什么不妥。”

“但是你忘了，你隔日有很重要的事情要做，如果因为玩游戏耽误了休息，又因为没有休息而耽误了正事，那就大错特错了。”这一次，忍无可忍的王妈妈加重了语气，“你已经连续错过两次面试机会了，你不能再接着错下去。”

“我又不是故意的。”苏青夏的口气中透出一丝不耐烦，“况且这次来这里面试，也是我爸妈怂恿我来的，我本来就没有意向，我早就想回家了。”

“好，就算你不打算在这里工作，也不可以因为无所事事通宵玩游戏。”王妈妈一字一顿地道，“游戏是虚幻的，沉迷于其中，你会越来越堕落，甚至分不清虚拟世界和现实世界，不利于你的身心健康。”

“但我就是喜欢玩游戏，”苏青夏脱口而出，“我一天不玩游戏就浑身难受，就像是人不能离开空气，鱼不能离开水一样，我不能离开游戏。”

“贪玩是人的天性，但凡事都要适可而止。”王妈妈耐着性子道，“在成长的过程中，你要学会更加自律，更加奋进，养成良好的生活习惯和学习习惯，而不是放纵自己的坏习惯，得过且过。”王妈妈还加上一句：“况且，你已然不是小孩子了，你已经长大成人，应该替自己的未来做打算了。”

“我也想找一份好的工作。”面对王妈妈的强势，苏青夏喃喃着低下头，“可是好工作不找我。”

“如果你每天只知道玩游戏，对待生活没有一丝热情和期许，好的工作怎么会轮到你呢？”王妈妈直言快语，毫不留情，“按照现状，你应该把找工作放在第一位，同时通过学习增加自己的专业技能，想想看，如果你真的非常优秀，还担心找不到工作吗？”

王妈妈的这番话合情合理，触动了苏青夏的心，让她霎时没有了反驳的理由。是啊，对待生活就是要充满热情和期许，如果一味地沉迷在虚拟的世界里无法自拔，如何在现实的世界里发光发热呢？

与此同时，坐在一旁的王子轩也羞愧地低下了头。曾几何时，妈妈也和他说过很多大同小异的道理，可是他都是左耳进右耳出，不但不往心里去，还总是嫌妈妈唠叨。当所有的一切和现实相碰撞，真实的例子活生生地摆在眼前，他忽然间觉得妈妈说的是对的。

玩游戏能给人带来什么呢？感官上的刺激，心灵上的满足，但这些只存在于子虚乌有的虚拟世界里。在现实生活当中，沉迷于游戏的人只会越来越堕落，越来越浮躁，越来越无法从虚拟的世界中挣脱。

意识到了这一点，王子轩打了一个激灵。他想，还好和苏青夏相比，自己还很年轻，还有很多的时间弥补之前落下的，要不然，她的未来，就是他的未来。

# 第四章
# 跳一跳，够得着

## 现在所做的，决定未来所得的

苏青夏接连错过了三次面试的机会，公司的人事部经理一气之下把她列入了“黑名单”。无奈之下，她只能连夜收拾行李，乘坐隔日的航班飞回老家。家里恢复了往日的平静，王子轩也终于松了一口气。

这天中午，书店里来了一个身材高挑，外形靓丽，但却沉默寡言的女生。她先是绕着书架走了两圈，紧接着选择了一本《小王子》津津有味地看了起来。王子轩见她靠着墙坐在地上，便好心好意地提醒道：“你可以坐在那边的座位上阅览。”殊不知女生一听到这话，放下书转身跑掉了。

接下来的几天里，这个女生都会在中午十二点左右到书店里阅读那本《小王子》，她依旧坐在角落里，有时候还自带一个小坐垫。王子轩担心自己突兀的搭话再一次吓到她，就再也没有主动和她讲过一句话，直到三天后……

这日，女生和往常一样来到书店里看书。她手中捧着的那本《小王子》已经被翻到了最后几页，不知是不是因为故事太过于让人沉迷，她竟然忘记盖好保温杯的盖子了，只听嘭的一声，她的手臂不偏不斜地撞倒了保温杯，霎时，热水洒了一地，溅了她一身。

“啊！”

女生惊叫一声，急忙站了起来。听到了异响，王子轩慌慌张张地赶了过去，他见一地的水正冒着热气，便禁不住问道：

“没事吧！你有没有烫伤？”

“没、没事……”女生强忍着手臂被热水烫伤的疼痛，呢喃着道，“真是对不起，我不是有意的……我只是……只是……”

“你没有受伤就好。”王子轩打断了女生的话，然后拿来了拖把，准备将水擦拭干净。

见况，女生抱歉地抿抿唇：“真的抱歉，如果给你造成了损失，我会赔偿的。”

“没关系，只要将水擦干净就好了。”说着，王子轩直起身子，看向眼前低着头唯唯诺诺的女生，“你叫什么名字？”

“啊？”女生一愣，有些不知所措。

“哦，你不要误会，我只是觉得你有点儿眼熟。”说罢，王子轩走到门口，将拖把放到了玻璃窗外，“你不想说，可以不说。”

“我叫叶思雨。”叶思雨的声音小得像蚊子，“其实，我也觉得你有点儿眼熟，但就是想不起来在哪里见过。”

“或许，我们真的在哪里见过，”王子轩细细打量着叶思雨，随之噢了一声，“如果我没有记错的话，我曾在学校里见过你，在今年学校的元旦晚会上，你还表演过节目，好像是……”

“钢琴独奏。”叶思雨接过话，“我想起来了，你曾和我们班的男生一起打过一次篮球。”

“看来，你真是我的学妹。”或许是意识到气氛有点儿尴尬，王子轩话锋一转，看向被叶思雨紧紧抱在怀里的书，“你喜欢看书？”

“对，非常喜欢！”叶思雨腼腆地笑了笑。“不瞒你说，我的梦想就是开一家书店，可是……”她的眼神又暗淡了下来，“我妈妈希望我可以成为一名钢琴家，所以她总是让我练琴，不停地练琴，我连看书的时间都没有……”

“所以，你才每天到书店里看书？”王子轩恍然大悟，“可真有你的！”

“没办法，我真的很喜欢看书，有时候看一整天的书，我都不觉得累。”说罢，她低头看着手上的这本《小王子》，用手来回抚摸着，“我曾让我妈妈帮我买这本书，可是她去书店逛了一圈，买回来的却是一本琴谱。”

“看来，你的妈妈真的很希望你能够成为一名钢琴家呢！”王子轩接过话，“但我觉得，成为一名钢琴家和开一间书店并不冲突，只要你想，两件事情都可以实现。”

“对，所以我一边努力地练习钢琴，一边找机会看书。我不希望等到我开了书店的时候，没有办法向客人推荐我喜欢的书。”说完这句话，她看向王子轩，“就像是这本书，我只有读过了才知道书的内容和作者想要表达的含义，我说得对吗？”

“对。”王子轩点点头，“虽然我不喜欢看书，但是我觉得你说得有道理。如果你真的有开书店的想法，有必要多读点儿书，因为时常有客人让我介绍或推荐书籍，我都只能说‘不知道’。”

“要不……”叶思雨灵机一动，“我给你打工吧！”

“打工？”王子轩哭笑不得，“拜托，我也是给我爸打工的，而且，我没有多余的钱雇用你。”

“我不是为了赚钱，我是为了体验开书店的乐趣。”叶思雨解释道，“当有客人来的时候，我可以代替你回答客人提出的各种各样的问题，帮助你介绍或者推荐适合他们的书籍。只不过，我只有每天中午才有时间。”

“这……不太合适吧……”王子轩挠挠头，“你毕竟是客人。”

“你就当帮我一个忙吧！”叶思雨双手合十，在胸前摆了摆，露出了一副可怜兮兮的模样，“我的妈妈并不支持我开书店，我只能通过一点一滴的努力去实现我的梦想，现在我终于有了锻炼自己的机会，你忍心拒绝我吗？”见王子轩抿着嘴不说话，她接着道：“你放心好了，我绝对不会给你添任何麻烦的，而且，我还会帮你整理书籍，打扫卫生，只要是你吩咐的事情，我都可以做。”

“你真的考虑好了？”王子轩问道。

“考虑好了。”叶思雨一本正经地道，“现在所做的，就是未来所得的。我希望可以离自己的梦想更近一点儿，如果换作是你，你也会争取这次机会的。”

“那……好吧。”王子轩无奈地摇摇头，“希望我可以帮助到你。”

“太谢谢了！”叶思雨激动地对着王子轩深深地鞠了一躬，“为了梦想，我一定会努力的！”

## 不可衡量的目标，是毫无意义的

叶思雨没有食言，每天中午十二点整，她都会准时出现在书店里。有客人的时候她就热情地招待客人，并向其介绍或推荐适合的书籍；闲来无事时，她就倚靠在那个小角落里，专心致志地看起了她喜欢的书。

这天中午，无所事事的王子轩伸了一个懒腰，对着正在阅读《老人与海》的叶思雨开口道：“我真希望你可以从早到晚都待在书店里，这样的话，我就可以放心大胆地睡大觉了。”

“我上午要去上英语补习课，下午要练琴。”叶思雨放下手中的书，歪着头看向王子轩，“即便是我想，我也不能一整天都待在书店里。”

“真羡慕你们，总是把日子过得那么充实。”王子轩自说自话，“不像我，整天闲得发慌，连玩游戏都觉得无趣了……”说着，他撇撇嘴：“我觉得，我也该给自己找点儿正事干了。”

“你终于打算‘洗心革面，重新做人’了？”叶思雨惊奇地道，“认识你这么多天了，我还是第一次听你说这种话，真是太阳打西边出来——太不可思议了！”

“拜托，没有你说得这么夸张吧？”王子轩硬着头皮道，“每个人都需要成长，我也在成长的道路上。再说了，我只是喜欢玩游戏罢了，根本就没有你们想象得那么无可救药……”

“但据我所知，你的学习成绩也非常差。”叶思雨哪壶不开提哪壶，“如果你真的打算做点儿正事，我劝你最好利用暑假的时间好好补习一下功课，只要你用心复习，即使没有老师，你的学习成绩也一定会进步的。”

“学习……”王子轩摆了摆手，“难道除了学习，没有更加重要的事情了吗？”

“有啊。”叶思雨不假思索地回答，“像我一样，追求梦想。”

“可是我没有梦想。”王子轩耸耸肩，“我想了很久，我真的想不到我的梦想是什么。”

“不可能，”叶思雨斩钉截铁地道，“每个人都有梦想，都有自己想要做的事情，想要成就的未来。既然你没有梦想，那你想想看，未来的你想要变成什么样子呢？”

“开豪车、住豪宅、环游世界。”王子轩脱口而出，“这是我绞尽了脑汁，唯一能够想到的了。”

“开豪车、住豪宅、环游世界？”叶思雨险些笑出了声，“拜托，你所谓的梦想，简直就是异想天开。”

“人们不是说，只要努力，梦想就一定可以实现吗？”王子轩问道，“我记得，你也和我说过这句话。”

“没错，只要努力，一定可以实现自己的梦想，但前提是你的梦想要切合实际，要有计划、有目标，而不是一开口就是‘开豪车、住豪宅、环游世界’。”叶思雨一字一顿地道，“就比如我，我的梦想是开一间书店，但是我清楚地知道我必须要通过自己的努力一步一步地实现自己的梦想。首先，我要阅读大量的书籍；然后，我要学习如何经营、管理。当我资金充足的时候，才能实行最后的计划。”一口气说了这么多，她看了看王子轩：“当然，你有你的想法，我只是表达我的观点，如果你觉得我太冒昧，伤害了你的自尊心，那我向你道歉。”

“我可没有那么小气。”王子轩眨眨眼，“只是，一提到未来，我就非常迷茫。”

“所以，你要给自己制定可行的目标，设定切合实际的理想。”叶思雨苦口婆心，“谁都想开豪车，谁都想住豪宅，但如果没有实际的目标和理想，恐怕你一辈子都与豪车和豪宅无缘，不是吗？”

“说得也是。”王子轩想了想，“我喜欢玩游戏，但我不想成为一名职业游戏玩家，或是职业游戏选手，这样就丧失了我玩游戏的初心，可是除此以外，我真的不知道我能够做些什么。”

“既然你喜欢玩游戏，为什么不尝试着设计游戏，成为一名游戏设计师呢？”叶思雨出了一个主意，“你可以设计更加好玩的游戏提供给玩家，当然，我希望你设计出来的游戏不单单只有娱乐，还可以有一点儿教育意义。”

“游戏设计师？”王子轩好像发现了新大陆，“对啊！我怎么没有想到呢？我只想着玩游戏，却没有想到我可以设计游戏，做一名游戏设计师。”

“你没想到的事情还多着呢……”叶思雨拉长了尾音，“总而言之，做人一定要有梦想，前提是不能好高骛远，不能不切实际。只有把梦想和现实相结合，才有实现梦想的机会，否则一切都是纸上谈兵。”

没错，有梦想是好事，但如果梦想过于不切实际，不但会给自己带来压力和烦恼，还很容易让人误入歧途，遗憾终生。

## 给自己一点儿压力，这不是一件坏事

许清风已经三天没有来书店了。据姚娜说，他受邀到外地参加全国的奥数比赛了，听到这话，王子轩惊讶地张大了嘴巴：“那小子还会奥数？而且还受邀参加全国的奥数比赛？他有那么厉害？”

“你也太小瞧他了吧？”相比之下，姚娜一脸的淡然。“我认识他的时间比你认识他的时间要久，我可以很确定地告诉你，那小子真的有这么厉害！”说着，她掰了掰手指头，“他是学校学生会的主席，曾代表学校参加市英语口语大赛获得了金奖，还是全国魔方俱乐部的会员……”说了这么多，她看向王子轩：“你说他优秀不优秀？”

“优秀、优秀。”王子轩急忙道，“我只知道他学习成绩很好，但是不知道他这么多才多艺，”他又加上一句，“他的精力可真旺盛。”

姚娜摇摇头说：“你又错了，他并不是精力旺盛，而是哪怕再苦再累，他都把时间用在学习上。他说，投资任何事情，都不如投资自己。吃得苦中苦，方为人上人。”

“吃得苦中苦，方为人上人……”王子轩重复着这句话，“我们班的班主任经常和我们这样说。”

“没错，吃得苦中苦，方为人上人。”姚娜侃侃而谈，“许清风从小家境贫寒，为了留在学校里继续读书，他唯一的办法就是获得学校的最高奖学金；为了获得每个月五百元的零用钱，他利用课余时间打理学校的图书馆，成了图书馆里最年轻的图书管理员；为了能够结识更多志同道合的人，他自学奥数、德语，甚至研究起了魔方……”说到这儿，她顿了顿，“所有的人都知道他很努力，但是没有人知道，他有多么努力。”

“我只知道，他为了学习，不允许自己玩游戏。”王子轩道，“光是这一点，我就很佩服他的毅力。”

“这只是一个非常细小的方面，”姚娜接过话，“他每天学习到深夜，连续两年早晨四点钟起床，起床后他会先背诵一个小时的英语单词，再到没有人的操场上大声地朗读四十分钟的英语课文。六点钟，他会准时到学校的图书馆工作，再自习功课，而往往这个时候，他的室友们还没有起床。”

“早晨四点钟……”王子轩倒吸了一口凉气，“连续两年的时间？”

“没错，”姚娜点点头，“所以说，一个人的成功绝不是偶然的，人们只看到他表面上的光鲜亮丽，却不知道他为此付出了多少辛酸和努力，和他相比，你我都太逊色了。”

“简直是无法相提并论！”王子轩自言自语，“在没有帮助我爸打理书店以前，我每天都待在家里无所事事，想做什么就做什么，但是经过这半个月的时间，我认识了很多人，了解了很多事，我也渐渐明白了很多道理。”

“比如？”姚娜歪着脑袋问道。

“比如，做人一定要有理想和目标，比如时间是不能够浪费的。”王子轩叹了一口气，“尤其是刚刚听你说完清风哥的经历，我忽然感觉到了压力。我在想，比我优秀的人都那么努力，而我现在还在虚度光阴。”

“有压力是一件好事。”姚娜接过话，“许清风说，当他感觉到疲惫的时候，就给自己施加一些压力，这样一来，他的头脑就会清醒很多。举个例子，当你想要偷懒玩游戏的时候，你就告诉自己，如果你选择了玩游戏，你的时间就会白白浪费掉，而在你浪费掉的这些时间里，有的人在看书，有的人在学习，相比之下，什么都没有学到的你就等于在后退。很多时候只有逼自己一把，才能变得更加优秀。”

“我之所以无所事事，是因为没有人给我施加压力？”王子轩忽然间找到了问题的关键，“我的家人总是给我讲道理，但并没有给我施加过太大的压力，在学校里我向来我行我素，把老师说的话当耳旁风，自然也感觉不到压力。”

“所以说，很多事情还需要你自己去感受。”姚娜道，“路在你的脚下，没有人能替你成就你的未来，努力也好，不努力也罢，都不会给旁人造成任何损失。但是对于你自己来说，你现在所有的选择将决定你未来的生活质量。”

如果在往日，王子轩听到这种话，都会嗤之以鼻地选择左耳进右耳出，但是今天，他却把姚娜说的每一个字都听到心里去了，不但如此，他的内心也因此掀起了阵阵涟漪……

生活就是要奋进，就是要自己给自己施加压力。人无压力不成器，压力就是动力，当一个人感受到压力的时候，就有了朝梦想继续奋斗的动力。

## 一个自律的人，没有什么是做不到的

王妈妈是易胖体质，平时只要不控制饮食准保发胖。这天王子轩刚打开房门，就看到妈妈蹬直了双腿坐在瑜伽垫上，她的双臂高举过头，尽可能地使得双手合十，她的脸因为吸气憋得通红。

“您又准备减肥了？”王子轩边说，边把背包放到了房间里，“如果我没记错的话，这是您今年第七次减肥了。”

“别打击我的积极性，我这一次是认真的。”王妈妈呼出一口气，收紧的小腹又恢复了原状，“而且我已经写下保证书了，一定要在三十天内减掉十斤肉，否则往后的一年我吃素！”

“十斤？”王子轩看向妈妈因为发胖而突出的双下巴，轻笑出声，“依我看，三十天内，您能保持现在的体重不再发胖，已经是一个很大的挑战了。”

“真是煞风景……”王妈妈嘀咕了一句，随即爬起来抻了抻腿，“晚饭做好了，你自己吃吧。”

“您不吃？”王子轩眨眨眼。

“我说了，这一次的减肥是认真的。”王妈妈又重复了一遍，“从今天开始，晚饭能不吃我就不吃，我就不相信，我三十天内瘦不了十斤！”

似乎是感受到了妈妈态度的坚决，王子轩也没有再强求，自顾自地坐在餐桌前把菜吃了个精光。谁知道到了半夜，饿着肚子的王妈妈因为找不到剩饭剩菜垫肚子，只能给自己泡了一盒泡面。无巧不成书，正当她躲在厨房里大快朵颐时，被起夜的王子轩逮了个正着。

“妈，”王子轩轻唤一声，“这么晚了，您在厨房做什么？”

“哈？”受到了惊吓的王妈妈差点儿噎到，“我……我……”她边说边把泡面藏在了身后，却不料一个莽撞碰到了身后的冰箱，只听哗啦一声，泡面连汤带水洒了一地。

此情此景，让王子轩一个头两个大。“我早就知道，这一次减肥您一定坚持不过三天，只是我没有想到，这才一天不到，您就放弃了。”说着，他拿来了抹布，俯下身子擦起地板来，“再说了，就算是您偷吃被我发现，也不至于把泡面藏起来啊！”

“我、我是心虚。”王妈妈像是犯了错的小孩，说话的声音小得跟蚊子一样，“我晚上没吃饭，真的饿了。”

“如果您觉得饿，那以后晚上咱就好好吃饭。”王子轩耐着性子道，“难道您不知道，泡面的热量要比米饭高出好几倍吗？再说了，泡面既不卫生，也没有营养，用它来取代晚餐，并不是明智的选择。”

“我也是饿昏了头，”王妈妈撇撇嘴，“我以后肯定不吃了。”

事已至此，王子轩叹了一口气，缓缓开口：“妈，仅仅把‘减肥’挂在嘴边是没有用的，如果对于减肥这件事您还是没有办法自律，那就放弃吧！别再把身体折腾坏了，得不偿失。”

“我没有开玩笑，我真的想要减肥。”说完这句话，王妈妈擦了擦嘴角的油渍，“而且我已经想好了，从明天早上开始，我每天都会到楼下的公园里晨跑，还有，从此以后，我只走楼梯。”

“此话当真？”王子轩半信半疑地将纸巾丢到垃圾箱里，“如果您还是三天打鱼两天晒网，我以后就再也不相信您了。”

“当真！”王妈妈下定了决心，“我一定可以减肥成功的。”

王妈妈没有说谎，隔日一大早，她就一个人到楼下的公园里晨跑了，晨跑后还积极地做了半个小时的健身操，这才喘着粗气一屁股坐到了沙发上。与此同时，王子轩才刚刚起床，他见妈妈满头大汗的样子，禁不住道：“妈，如果觉得勉强，就不要坚持了，您其实也没有那么胖。”

“你应该鼓励我，而不是劝我放弃。”王妈妈看向王子轩，“我觉得你昨晚说得对，仅仅把‘减肥’这两个字挂在嘴边是不行的，我应该提高自律性，书上说，一个自律的人，没有什么是做不到的。”

“书上怎么说的我还真不知道，但是我知道，您如果不能自律，您身上的肉永远都减不掉，但如果您可以自我约束，少吃多运动，就一定可以减肥成功。”说到这儿，他想起了爸爸，“就像是我爸，他从一百五十斤减到一百三十斤，只用了四十五天。他可以，您也可以。”

往常都是王妈妈给王子轩讲道理，今天听王子轩说得头头是道，王妈妈忽然之间还真有些不太习惯。“我……我知道了。”她乖乖地点点头，“我会提高自己的自律性，向你爸爸学习的。”

“好吧，那我就再相信您一次。”王子轩边说边走向厨房，“您想吃什么？我给您做。”

“三明治。”王妈妈脱口而出，只是话音刚落，她又觉得哪里不对劲儿……

此时，王子轩身穿着睡衣，脚踩着拖鞋，头顶着鸟巢一样凌乱的头发，正不慌不忙地从冰箱里拿出食材。这一瞬间，王妈妈忽然觉得曾经那个桀骜不驯的大男孩，在不知不觉间长大了……

## 敢于挑战自己，未来就会变得不一样

还记得那个用了十五年的时间，让自己浴火重生的服装设计师方良吗？这天傍晚五点整，灰蒙蒙的天空下着细雨，他竟冒着雨一头冲到了书店里。见来者不是别人，而是仅有一面之缘的方良，王子轩急忙递上了纸巾："我知道你喜欢看书，但也不至于冒着雨来书店里买书吧？"

"我不是来买书的，我这次来是专程找你的。"说着，方良摘下墨镜，用纸巾擦了擦湿漉漉的额头，"我急缺一名模特，你应该不会拒绝我吧？"

"模、模特？"王子轩还以为自己出现了幻听，"你没有在开玩笑吧？"

"这么重要的事情，我怎么会和你开玩笑呢？"方良解释道，"我近期设计了一套时尚与运动相结合的运动装，原本已经物色好了拍摄模特，但是模特却因为误机无法参与今天晚上的拍摄。"他一脸焦虑地说道："我已经联系了模特公司，可是并没有找到中意的模特，于是我就想到了你。"

"我、我没有当过模特，而且我并不喜欢拍照。"王子轩实话实说，"要不，你还是想一想其他的办法吧！"

"距离拍摄时间还有不到一个小时，你让我去哪儿找？"方良一脸焦灼的样子不像是在开玩笑，"小兄弟，就当帮我一次，好不好？"

"真的不行……"

这时候，姚娜撑着伞走进了书店。"什么不行？"她看向王子轩，又看了看方良，"咦？你看起来有点儿眼熟。"

"我叫方良，是一名服装设计师。"方良做了简短的自我介绍，随后对着姚娜道，“你们是朋友？”见姚娜愣在原地点了点头，他猛地一拍手：“太好了！你快帮我劝劝这个油盐不进的家伙。”

“怎、怎么了？”姚娜眨眨眼，一头的雾水，“到底发生了什么事？”

“方良是一名服装设计师。”王子轩面有难色地张开口，“他、他想让我做他的模特，可是我……”

王子轩的话还没有说完，姚娜就忍不住惊呼出声：“模特？天啊！王子轩你要出名了！”

“别胡说八道。”王子轩急忙皱起眉头。“我不想当模特，我也不喜欢拍照片。”说着，他用余光看了看方良，“一想到那么多的摄影师围着我拍照，我就想找个地缝钻进去。”说完这句话，他还补充了一句：“不行，坚决不行。”

“不试试看怎么知道呢？”姚娜放下背包，好言相劝，“这是多么难得的一次机会啊！你一定要抓住了！而且，你的外形如此出众，身材比例也好，完完全全就是天生的‘衣架子’。”

“可是这个机会找错人了，它并不适合我。”王子轩只觉得自己长了一万张嘴也说不清楚，“总而言之，真的不行。”

见王子轩固执己见，方良也不好继续相劝，随之，他看了看手腕上的手表，苦笑了一声。“算了，既然你不愿意帮忙，我就不强人所难了。”说着，他叹了口气，“小兄弟，打扰了，我先走了，下次再来捧场。”

“请留步。”姚娜轻唤出声，“请问，如果找不到合适的模特，你会怎么样？”

“最坏的打算——我只能取消拍摄，面临违约的风险。”方良停下步子，无奈地一笑，“不过没有关系，既然事实摆在眼前无法改变，我也只能坦然接受了，毕竟，该做的我都做了，我已经尽力了。”

见况，姚娜急忙摇了摇王子轩的胳膊：“子轩，你忍心看着他因为找不到模特而违约吗？而且我知道，你不是排斥做这件事情，而是不想去尝试。其实，你完全可以勇敢地踏出这一步，就当这是给自己的挑战。”

“但这不是小孩子玩游戏那么简单。”王子轩终于说出了他的顾虑，“每一个模特都要经过专业的训练，而我什么都不懂，什么都不会，怎么能空手上阵呢？再说了，如果因为我的失误给方哥造成不好的影响，岂不是帮倒忙？”

“我相信你，但你不相信你自己。”方良脱口而出，“从始至终，我都相信你的能力，我也认为你有做模特的天赋。并且，拍摄现场有专业的摄影师会告诉你如何去做，你完全不用担心自己不够专业。”

“我心里没底。”王子轩道，“我心里七上八下的。”

“还是那句话，不试试看怎么知道呢？”急性子的姚娜推了王子轩一把，“行不行，只有试过才知道，如果你因为顾虑而选择放弃，那么你永远都只能在原地踟蹰，被他人超越。”见王子轩抿着嘴不再吱声，她乘胜追击：“别再犹豫了，时间不等人，如果你真的错过了这次机会，你一定会后悔的！”

半推半就中，王子轩终于答应了方良的请求，而拍摄现场是否一切顺利，那都是后话了……

## 到达了瓶颈，我该怎么办？

摄影棚里，王子轩化着夸张的绿色眼妆，穿着一套具有未来感的红色运动装，站在白色的背景墙前僵硬地摆出了“奔跑”的姿势，只听摄影师扯着嗓子对着他道：“左边一点儿！对！腰弯一点儿，头低一点儿，左腿抬高一点儿……”

腰弯一点儿……左腿抬高一点儿……王子轩边在心里重复着这些话，边硬着头皮调整自己的姿势。好在他气质出众，可塑性强，就算是面无表情，镜头里的他也让人赏心悦目，拍摄的进度比大家想象的都要快。

与此同时，第一次进入摄影棚的姚娜也忍不住左看看、右看看。只是新鲜劲儿还没过，她就注意到了一个独自躲在走廊里的小女生，她披散着卷发，瘦弱的肩膀微微地颤抖，意识到她可能在哭，姚娜蹑手蹑脚地走了过去……

“你好？”姚娜故作轻松地打了个招呼，“你一个人在这里做什么？”

“没、没什么。”突兀的搭话使得女生惊慌失措地抹干了眼泪，她转过了头，“里面太闷了，我、我出来透口气。”

见女生垂着头，眼睛又红又肿，姚娜脱口而出：“你没事吧？”

女生强颜欢笑，只是嘴角不自然上扬的样子看起来一点儿都不漂亮。“我没事，”说着，她转移了话题，“你是模特的经纪人吗？”

“啊？”姚娜一愣，“我是陪同人员。”

“哦。”女生点点头，没有了下文。

就在这个时候，姚娜注意到了女生身上别着的“实习生”的胸牌，“你是实习生？”她眨了眨眼睛，“现在摄影棚正在拍摄，你一个人跑出来，不怕因为耽误工作被骂吗？”说罢，她指了指自己：“我现在也在实习阶段，我做任何事情都是小心翼翼的，生怕被领导抓住把柄。”

“没关系……”女生难过地抿抿嘴，“我刚刚才被我师傅骂了一通，他说我总是碍手碍脚，没有一点儿艺术细胞，完全就是一个‘累赘’。”说完这句话，她看向正扯着嗓子大喊的摄影师：“他就是我师傅。”

“你师傅说话也太难听了吧……”姚娜愤愤不平地道，“怎么能够把人形容成‘累赘’呢？真是太伤人自尊了！”

“我已经习惯了。”女生无奈地笑了笑，打开了话匣子，“也不知道为什么，自从上个月开始，我就好像变了一个人一样，我很努力地学习，可总是达不到师傅的要求。时间越久，我就越觉得吃力，我好像已经到达了瓶颈期，十分痛苦。”

“不管是在学习中，还是在工作中，人人都有瓶颈期，就看你用什么样的态度去克服了。”姚娜注意到了关键词，一字一顿，“就比如说我，在从学校到社会的过渡期中，我也因为角色的转变有过一段迷茫期，那段时间，我想做很多事，但是什么事都做不好，经常被经理责骂，我的情绪也很崩溃，就像现在的你一样。”

“你是如何度过瓶颈期的呢？”女生禁不住问道。

“很简单，首先，你要找到遇到瓶颈期的主要原因，是环境的问题，还是自身的问题？社会是不断发展的，人只有不断地改变自己，改变自己的心态，才能克服困难，强大自己。”姚娜慢条斯理地道，“在遇到瓶颈期时，不要给自己施加太大的压力，而是要把压力转化为动力，突破自己，改变自己。”

“寻找原因，突破自己，改变自己……”女生喃喃着。

“没错，同时要有归零的心态，重新给自己制定目标，学习更多的专业知识，用学识武装自己的头脑，积累经验。”姚娜想了想，“但我觉得，最重要的还是摆正自己的心态，积极地寻找解决问题的方法，只有这样，才能早日突破瓶颈。”

姚娜虽然和眼前的女孩年纪相仿，但她说的话头头是道，句句都富有哲理，让女孩获益匪浅。只见她抬起头来，怯怯地问道：“那你觉得，我现在应该怎么办？”

“当有人质疑你的能力时，你就要学会相信自己。”姚娜不假思索，“不要逃避，而是要迎难而上，要相信自己一定有解决问题的能力。在面对训斥时，也要保持积极乐观的心态，即便是犯了错也不要怕，吸取经验教训，避免重蹈覆辙。”

听罢，女生深吸了一口气。“对，逃避和自闭都是解决不了问题的。”她对自己说，“我应该乐观、自信一点儿。”

“这么想就对了。”姚娜会心地一笑，“你要知道，你师傅批评指责你，也是培养你的一种方式。如果你做任何事情他都对你置之不理，看到你犯了错也不提醒你，你觉得你会获得进步吗？”

“不会。”女生摇摇头。“现在想一想，问题确实都出在我身上，是我太敏感了。”说着，她抬起眼，“真是谢谢你，如果不是因为你安慰我，我或许真的会因为不知所措而辞掉这份工作。”

“我并不是安慰你，我只是实事求是，把自己总结出来的经验分享给你。”说着，她指了指摄影棚的方向，“你听，你师傅是不是在叫你？”

“啊？”女生一愣，竖起了耳朵，“真的，我师傅在叫我！”说罢，她留下一句“我先走一步啦！”就一溜烟儿地跑走了。

见况，站在原地的姚娜禁不住笑出了声，她想，这个小女生真是可爱，像极了曾经因为陷入瓶颈期而郁郁寡欢的自己，好在一切都雨过天晴，狂风暴雨也不见了踪影，迎接她的，是更加灿烂的阳光。

## 成功没那么简单，但也没有那么难

紧张的拍摄还在继续。

此时此刻，坐在化妆台前的王子轩正盯着镜子里的蓝色头发发呆，见方良拿着一套略显夸张的白色运动装走了过来，他禁不住开口问道："方哥，我已经换了四套衣服了，发色也从黑色变成灰色，从灰色变成了黄色，现在又变成了蓝色，究竟还要拍多少组照片啊？"

"三组！"方良伸出三根手指头，随之看向镜子里的王子轩，"你放心，我一定请你吃大餐，报酬上也不会亏待你的！"

"我帮你这个忙，不是为了吃饭，更不是为了报酬。"说着，王子轩叹了一口气，"摄影师说的专业术语我一句也听不懂，我真觉得我在帮倒忙。"

"怎么会呢？你刚刚表现得非常出色，尤其是你和自行车互动的那组照片，阳光、自然，正是我想要宣传的主题。我敢保证，你的表现并不比专业的模特逊色！"说罢，方良拍了拍王子轩的肩，"别胡思乱想，安心拍摄吧！"

接下来的摄影过程中，摄影师替王子轩找来了一双单排轮滑鞋，虽然王子轩的运动细胞还算是发达，但是只穿过双排轮滑鞋的他，穿上单排轮滑鞋时怎么站也站不起来。只见他一只手扶着方良，另一只手扶着背景墙，耐着性子道："不行，不行，真的不行！"

"不行也得行，这是我特别为了这一组服装想出来的点子，如果不穿着轮滑鞋，这件运动服就会变得毫无特色。”说着，方良尝试着放开王子轩的手，“八字脚，重心向下，和滑双排轮滑的感觉一样。”

“拜托！我又不是‘神仙’，我怎么可能说会就会呢？”说着，王子轩一个踉跄差点儿摔了一跤，“我的平衡感本来就很差！”

见况，摄影师对着王子轩喊道：“我给你十分钟的时间！”说完，他拍了拍手，对着四周的工作人员说：“大家休息十分钟！”

“十分钟……”坐在椅子上的王子轩对着姚娜嘀咕道，“我连一把游戏都玩不了。”

“都什么时候了，还想着玩游戏？”姚娜直言快语，“其实单排轮滑并没有你想象得那么难，只要掌握好技巧和平衡，十分钟就可以练会。”

“上嘴皮子碰下嘴皮子——说得轻巧。”王子轩撇撇嘴，“你会吗？”

“当然了，别看我个子不高，但我的运动细胞还是很发达的。”姚娜边说边比画，“单排轮滑的站立总共分为三种——‘T’字站立、‘V’字站立和平行站立。‘T’字站立是左脚跟顶住右脚内侧，重心向前倾，呈‘T’字形站立。‘V’字站立是后脚跟并拢，脚尖打开，重心向内压。平行站立则是双脚平行与肩同宽，身体重心向前，但要注意，平行站立的时候，双脚一定要保持直立。”

“这样吗？”王子轩照着姚娜的话将双脚平行，尝试着扶着椅子站起来，只可惜他尝试了几次都没有成功。

见况，姚娜道：“你试一试‘T’字站立，相对于平行站立，我觉得更容易保持平衡。”

“左脚跟顶住右脚内侧……”王子轩边自言自语，边搀扶着椅子站起身来。果不其然，当双脚相互支撑，站起来不是一件难事，只是他重心不稳，身子总是摇摇晃晃的，看起来随时都有可能摔倒。

“深呼吸。”姚娜提示道，“身体前倾，放松，再放松……”

“这、这样？”王子轩呼出一口气，用余光看看姚娜，“我觉得我现在的身体有些不听使唤。”

“你太紧张了。”姚娜看了看手腕上的手表，“加油，我们现在只有四分钟的时间练习了，一分一秒都不能浪费。”

“四分钟！”王子轩一惊，“完了，待会儿我一定又要出洋相了！”

“别说丧气话，你要对自己有信心！”说着，姚娜走到王子轩的右前方，“眼睛不要看地面，要向前看，想象着自己正在骑自行车，尝试着用你的身体去驾驭轮滑鞋，而不是让轮滑鞋驾驭你。”

“骑自行车？”王子轩深吸了一口气，“我试一下……”他自顾自地向前滑动，虽然肢体生硬，动作缓慢，好在战战兢兢地试了好几次，他都成功保持了平衡，最后，他终于可以稳稳地站立在地面上了。

十分钟后，拍摄继续。

不知道是不是已经掌握了单排轮滑的站立技巧，王子轩在镜头前也变得游刃有余，他时而看向镜头，时而故作冷漠地看向一边，到了后期，他完全不用摄影师引导，可以自由地切换动作了。

看到这一幕，方良由衷地对着姚娜道：“我早就看出来了，王子轩是个衣架子，具有当模特的潜质。”

“对，可他就是不自信，也不自知。”姚娜赞同地点点头，

“好在你这个‘伯乐’及时出现，要不，我估计他永远都不会尝试着突破自己。”

你一言我一语中，长达两个半小时的拍摄任务终于圆满完成。

此时此刻，王子轩脱掉了轮滑鞋，整个人瘫坐在沙发上，一动不动，见方良不慌不忙地走了过来，王子轩有气无力地道：“我发誓，这是我最后一次帮你了，真的太累了……”

“你确定？”说着，方良把导入手机里的照片放到王子轩的面前，“你不觉得，镜头面前的你很有魅力吗？”

“这、这是我？”王子轩看着照片中化着浓妆，但风度翩翩，气宇轩昂的自己，惊讶得合不拢嘴，尤其是看到自己脚踩单排轮滑，眼神却格外镇定的那一组照片时，更是震惊：“我本以为穿着单排轮滑拍照片会很奇怪，没想到整体的效果非常好。”

“所以，我早就和你说过了，你的表现非常出色。”说着，方良开朗地一笑，“其实，你完全可以考虑长大以后往模特这个行业发展，至少，这一次的拍摄，你大获成功。”

“这、我还真没想过……”王子轩不好意思地笑了笑，“但有一点可以承认，无论是拍摄还是单排轮滑，其实都没有我想象中的那么难。”

“没错，很多事情虽然没有那么简单，但也绝对没有想象中的那么难。”不知什么时候，姚娜走了过来，“希望你以后再遇到类似的事情时，不要一张口就选择拒绝，或是半途而废，你看，努力一点儿，不就成功了吗？”

没错，很多事情虽然没有那么简单，但也绝对没有想象中那么难，很多时候，只要努力一点儿，再努力一点儿，就会取得成功。

# 第五章
# 生命只有一次，要活得淋漓尽致

## 擅于从学习中吸取经验

两日之后，许清风风尘仆仆地回来了。只是他看到王子轩的第一句话就是：“真没想到，我竟然会输给比我还要小的小朋友，真是不应该粗心大意啊！”

“没得奖？”王子轩看着他笑盈盈的脸，“没得奖你还这么高兴？”

“虽然没有得奖，但是我知道了自己的不足之处，也获得了不少经验，这难道不是一笔更加宝贵的财富吗？”许清风的话音刚落，一辆轿车在店门口猛地急刹车，嘎吱一声巨响吓得他打了个哆嗦。

与此同时，戴着黑色墨镜的轿车司机从车窗处探出了脑袋嚷着：“喂！你不要命了！”

“什么情况？”王子轩与许清风面面相觑，随之，两个人相继走出了店门。不看不知道，一看吓一跳，此时此刻，一个留着大胡子的男人正横躺在大马路中央，而紧急刹车的轿车就在距离他不到一米的地方！

许清风急忙跑了过去，见倒在地上的男人因为喝醉了酒而不省人事，他急忙对着王子轩招了招手：“喂！你还愣着干什么？快搭把手啊！”

“哦！”王子轩木讷地点点头，和许清风一起一前一后将男人抬到了书店的沙发上。见眼前的男人一身的酒气，王子轩皱起眉头对着许清风道：“我们总不能让他在这里睡觉吧？待会儿来了客人，岂不是都被他吓跑了？”

“救人一命，胜造七级浮屠，我们总不能现在把他扔到大街上不管不顾吧？”许清风边说边用纸巾替男人擦干净了脸上的脏污，“再说了，万一他真遇到点儿什么危险，我们岂不是后悔也来不及？”

似乎是意识到许清风说得是那么回事，王子轩只好接受了。只是让他没有想到的是，这个男人一睡就睡了四个小时，直至下午五点整，他才哼哼唧唧地睁开了眼睛。

“我这是在哪儿？”他一只手捂着疼痛难忍的头，另一只手撑着沙发吃力地坐起身子。

“你现在在书店里。”许清风一边说着，一边递上了一杯温开水，“你喝醉了酒，倒在了大马路上，还差点儿被车撞到，是我们把你抬到书店里的。”

“我倒在大马路上？”男人半信半疑地看了看被擦伤的手臂，“差点儿被车撞？”

“千真万确。”王子轩黑着脸走了过来。“因为你，今天一下午都没有人敢坐在那儿看书，我少卖了好几本书呢！”说着，他摆摆手，“算了算了，这些我都不追究了，我只想知道，你为什么要喝那么多的酒？”

“我……”男人欲言又止，似乎藏着什么心事。

“失恋了，被女朋友抛弃了？”王子轩不管不顾地问道。

“我没有女朋友。”男人尴尬地笑了笑，实话实说，“其实是因为工作上的事。”男人讲述了他的经历：“我叫陆晨，三十岁，是一个没有名气的摄影师。我曾经非常热爱我的职业，为了拍到最美的日出，我可以从凌晨守到天明；为了拍摄到最美的星空，我曾一个人带着设备去西藏的纳木错……但是，我拍摄的照片还是没有办法受到业界人士的认可。”

“你说，你曾经很热爱你的职业？”许清风听到了关键词，刻意把“曾经”这两个字加重了读音，“那么现在呢？”

“现在？”陆晨好像在自说自话。“我不知道……”他摇了摇头，“因为没有办法得到业界人士的认可，我变得暴躁，爱上了酗酒，我的女朋友离我而去，我的家人也对我失望至极，我曾无数次地想要放弃，就像是现在这样……”

“因为没有得到专业人士的认可，就变得颓废，就想要自暴自弃，这样做对吗？”许清风显然并不认可陆晨的做法，“在我的眼里，你这是变相的逃避，如果换作是我，越是有人质疑我的能力，我就越是要证明给别人看。”

“我已经用五年的时间来证明我自己了！”陆晨越来越激动，“这五年里，我每天早出晚归，走遍了全国各地，就为了拍出理想的照片，可是到头来，我一无所获。”

“请问，除了寻找美丽的景色，你有没有取长补短，累积经验教训，尝试着提高自己的摄影技术呢？”许清风字字珠玑，“如果你不从本质上找问题，你拍出的照片永远都是大同小异！相反，一个优秀的摄影师，无论拍摄什么画面，他都能够抓拍到画面中的美感。”似乎是意识到自己的话有些生硬，他急忙补了一句：“我只是发表我个人的观点，如果我说错了，我向你道歉，请你不要介意。”

许清风的一番话，让陆晨愣住了。“我……”他抿了抿干燥的唇，“曾有同行建议我多看一些关于摄影的书籍，多学习摄影的相关技巧，但是被我果断地拒绝了。”

“你为什么要拒绝？”许清风想不明白。

“摄影是我的专业，我觉得我已经知道得够多了，”陆晨一五一十地道，“我觉得学习对我来说是多此一举，有时间学习，还不如多走几个地方，多拍摄一些照片。”

“可是学无止境，你看看那些古今中外的名人——爱因斯坦、霍金、齐白石、苏东坡……无论哪个行业的杰出人士，他们都懂得活到老、学到老的道理，都擅于从学习中吸取经验。”许清风一字一顿地说，“而且，你能保证所有的专业知识你全都掌握了吗？如果真的是这样，为什么你一直拍不出理想的照片呢？”

许清风的一番话让陆晨哑口无言。

是啊，活到老，学到老，即使是世界上最有学问的人，也不可能什么都知道，何况大家都是普通人！所以，无论任何时候都要谦虚求学，当你无法获得他人的认可时，请想一想，是不是自己的学识还不够多呢？

## 不要把“贫穷”当作生命中的枷锁

说这话的时候，姚娜拎着大包小包闯进了书店。“我去了一趟商场，来晚了！”说完这话，她才后知后觉书店还有客人，“你好！”她冲着陆晨打了声招呼，待看清对方后，她啊了一声：“陆大哥？”

“你们认识？”王子轩和许清风异口同声。

“我曾经为了赚生活费摆地摊，他就在我隔壁。”说着，她大大咧咧地走上前，将手在陆晨的眼前晃了晃，“陆大哥，你不认识我了？我是姚娜！”

“姚娜？”陆晨恍然大悟。“我想起来了，你是卖饰品的姚小妹。”陆晨拍了拍脑袋，“瞧我这记性，也就两年多没见，我就记不清姓名了。”

见自己并没有认错人，姚娜又向前挪了一步，霎时，一阵难闻的气味扑面而来，使得她下意识地捏了捏鼻子，皱起了眉头：“陆大哥，你怎么一身的酒气，我记得你以前从来都不喝酒的！”

“我是借酒消愁，没想到借酒消愁愁更愁。”陆晨苦笑着低下了头，“这几年事业不顺，导致我渐渐染上了酗酒的毛病，想戒都戒不掉，现在每天晚上，我只有喝醉了才能睡着，有的时候大白天，我也喜欢喝点儿酒。”

“不会吧……”姚娜一脸的担忧。“你还在为没有钱买摄影设备的事情发愁吗？”说着，她干脆掏出钱包，“我这个月的工资还剩下一半，你先拿着应急，等以后有钱了再还给我……”

姚娜的话还没说完，陆晨就谢绝了她的好意：“不用了，谢谢你，我现在发现，没有积蓄，根本就不配做摄影师。”

“陆大哥……”姚娜用求助的眼神看向王子轩和许清风，“你该不会是想要放弃了吧？你坚持了那么多年，怎么能说放弃就放弃呢？”

“就是，如果你现在说要放弃，我刚刚岂不是白费口舌了？”说着，许清风把姚娜拉到一边，压低了声音问她道，“喂！你刚刚说摆地摊，是什么意思？”

“字面上的意思。”姚娜回答道。“别看陆大哥是一个潇洒的摄影师，但是他的家庭条件并不优越，他从小在山区长大，直到上了高中才来到城里。当他爱上了摄影，立志要当摄影师时，更是花光了全家人的积蓄。于是他白天是光鲜亮丽的摄影师，晚上就到街头摆地摊给人画像，一张画像二十块钱，赚来的钱一是用来买设备，二是用来做路费。”说着，她看向陆晨，“他的内心其实挺自卑的，只是他不说罢了，怕人笑话。”

“这有什么好自卑的，我也是山区的孩子。”许清风不以为然地耸耸肩，“我从不向别人隐瞒自己的家境，我还是特困生呢！”

“物有千差，人有万别。”姚娜小声道，“陆大哥的自尊心特别强，而且非常敏感，但凡有人对他说一个‘不’字，他都会立即翻脸。有一次，一位客人说他画的画像不好看，他一气之下就把画纸全部都撕掉了，因为这件事情，他的摊位好几天都没有一个客人。”

“太可怕了……”许清风喃喃着，“这是一种病，得治啊！”

“没办法。”

姚娜撇撇嘴，没有了下文。与此同时，陆晨走了过来。“你们两个人嘀嘀咕咕地说什么呢？”他看向姚娜，“该不会在说我的事情吧？”

“没、没有。”姚娜说了谎，“我前些日子向他借了一本书，他是想问我什么时候还给他。”

“什么书？”陆晨抬起眼，半信半疑地看向许清风。

“《资本论》。”许清风忽然想起了姚娜前些日子看的那本比“砖头”还要厚的书，努力地帮姚娜圆着谎，“那本书是我借同学的，我又借给了姚娜，所以我……”

殊不知陆晨却摆摆手：“没必要向我解释这么多，哪怕是说关于我的事情也无妨，我现在已经不在意我的过去了……”

姚娜即刻用手扯了扯许清风的衣角，示意他替她解围。许清风壮着胆子道：“无论你的过去是什么样子的，都不能决定未来的你会变成什么样子。顺利也好，坎坷也好，富贵也好，贫穷也好，都已经是过去式了。”

“是吗？”陆晨似乎并不排斥这个话题。“为了买摄影设备，我花光了家里所有的积蓄，可这些对我来说还远远不够。”

说到这儿，陆晨轻笑了一声，“可是他们呢？几万元钱的一个镜头，随随便便说换就换，而我摆一个月的地摊，都赚不了一万块！”

陆晨这句话说得撕心裂肺，还有那么点儿愤世嫉俗的味道，听到许清风的耳朵里很不是滋味。“陆大哥，”他第一次这么亲切地称呼陆晨，“或许不能感同身受你追梦道路上的坎坷，但是我和你一样，并不是富裕家庭长大的孩子。为了能够留在城里读书，我必须要拿学校的最高奖学金，不但如此，为了赚生活费我还在学校的图书馆里做兼职。曾经有段时间，我每天四点起床，一边学习一边兼职，就是为了赚取奖学金和生活费。所以，我能够理解你面对的压力。”

“真的？”陆晨这才仔仔细细地打量起眼前这个看起来乐观、开朗的男孩子，“看不出来你背负着这么大的压力。”

“没办法，既然无法改变现实，那就坦然地接受它，并力所能及地改变它。”许清风爽朗地一笑，“况且，我从不觉得‘贫穷’是生命中的枷锁，相反，它是我前进的动力。正是因为家境贫寒，所以我才要更加努力、更加坚强。只有这样，我才能用我的双手改变我的未来，让全家都过上好的生活。”

许清风简简单单的一句话，让陆晨在不知不觉间泪湿眼眶。“真是难以置信。”他自顾自地一笑，“没想到今天在这里，你给我上了一课。”

“奇怪，你怎么知道我的梦想是当一名人民教师？”许清风半开了一个玩笑。

“你说起话来慢条斯理，却字字珠玑，很适合当老师。”陆晨的口吻轻松了许多，“而且我相信，你一定可以实现你的梦想。”

## 无知，才是最大的风险

王妈妈的减肥计划还在继续。

这天晚上，她从背包里掏出了一瓶药，啪的一声放到了茶几上。见况，王子轩急忙凑了过去。“口香糖？”他拿起药瓶看了看，原来是减肥药，又放回了原处，“妈，您不是说无论如何，都不吃减肥药吗？”

“我是这么说过，但我同事知道我减肥，非要塞给我一瓶，我盛情难却只好收下了。”王妈妈把减肥药塞到了抽屉里，喃喃道，“她和我一样是易胖体质，每天都在减肥，却越减越肥。”

“那一定是减肥的方式不对，”王子轩自顾自地耸耸肩，“我觉得减肥其实是一件非常简单的事情，只要用对了方法，虽不敢保证立竿见影，但坚持下去一定会有效果的。”

“没错，对于减肥这件事情，她的确操之过急，所以总是听信一些旁门左道。”说着，王妈妈想起了前几个月前发生的事情，“有一次，她不知从哪里高价买回来一个瘦身膏，她在网上见到过‘保鲜膜减肥法’，于是突发奇想，把瘦身膏涂抹在全身，再用保鲜膜将自己包裹起来，就这样睡了一个晚上，然而第二天拆掉保鲜膜后，她全身的皮肤又痛又痒，还起了大面积的湿疹，为了治好皮肤病，她喝了一个月的中药。”

“太可怕了……”王子轩禁不住道，“您的同事为了减肥真是绞尽脑汁。”

“这还不是最夸张的事情呢！”王妈妈道，“她最夸张的一次，是听信了网络上的‘七天节食减肥法’，一周没有吃饭！她每天的午餐是一根黄瓜，除此之外，不吃任何油盐。”

“一根黄瓜？”王子轩抿抿嘴，“还不够我塞牙缝的呢……”

“连续一周的时间，她以水充饥，活生生地饿瘦了十斤。为了犒劳自己，她吃了一顿大鱼大肉，谁想到当天半夜就因为胃痛被送到了医院。原来，长期节食会让胃部的运转能力和承受能力发生改变。当胃分泌胃酸，而胃里长时间没有食物，就会引起胃溃疡等胃病。当恢复饮食时，过多摄入食物很容易诱发胃肠道疾病，并且体重会迅速增长。她的胃病一直没有好，经常性胃痛，现在后悔也来不及了。”王妈妈同情地说道。

“都说吃一堑，长一智，她因为减肥吃了那么多次亏，为什么还不正视自己的问题，健康合理地减肥，还要吃减肥药呢？”王子轩跟王妈妈嘀咕道，“妈，您可千万别听她的，乱吃减肥产品，万一产生什么负面影响，那就得不偿失了。”

“我知道，我不吃。”王妈妈笑了笑。“我可没有那么无知。”提到无知，王妈妈忽然想起了自己的远房亲戚，“子轩，你还记得小时候到咱们家玩的向凯吗？他比你大三岁。”

“向凯？”王子轩嗯了一声，“有点儿印象，我记得他一直住在乡下，您去年还说他初中没毕业就辍学了，回家帮家里种地去了。”说着，他眨了眨眼：“向凯哥怎么了？难道要来咱们家玩？”

“他得了骨癌，已经到晚期了……”王妈妈道。

“他生病了？”王子轩猛地坐直了身体，倒吸了一口凉气，“怎么回事？”

王妈妈细细道：“前些日子，向凯因为身体不舒服到市里的医院检查，结果检查报告显示他得了骨癌，肿瘤长在了后背上，好在癌细胞没有扩散，配合治疗后还可以像正常人一样生活。他当时非常着急，急忙拿着家里的钱想要办理住院手续，可是他的父母知道了这件事情，竟然不同意他做手术，还在村子里找了一个‘神医’，说服用‘神医’开的药方，很快就可以药到病除。”

“‘神医’？这个世界上还有能治百病的人？我怎么不相信。”王子轩听到这里禁不住插言道，“然后呢？”

“在父母的再三劝说下，向凯选择听从父母的话，去看了那位‘神医’，神医当下就给他开了一剂药，还给了他一包土，让他每日用土泡过的水服药，还拍着胸脯说，三个月之后保证药到病除。”

“土也能治病？”王子轩撇撇嘴，“太天方夜谭了吧！”

“可是他的家人深信不疑，每天坚持让向凯服药。殊不知三个月过去了，向凯的身体越来越差，等他再被送到医院的时候，癌细胞已经开始扩散，耽误了治疗的最佳时间……”说到这儿，王妈妈叹了一口气，“向凯真是一个可怜的孩子。”

“是啊，”王子轩的心情也跟着低落了起来，“要不是他的父母过于蒙昧无知，听信了‘神医’的话，说不定早就手术成功了。”

“所以说，无知真的很可怕，做人还是要多学习文化知识，才能在问题面前保持理智，做出正确的选择。”王妈妈道，“如果向凯的父母没有那么蒙昧无知，如果向凯能够始终坚持自己的想法，悲剧可能就不会发生了……”

“谁说不是呢？”王子轩顿了顿，“您的同事也是一样，如果她多看看书，多了解一些关于减肥的常识，也就不至于乱买减肥产品，听信网络上的‘七日节食减肥法’了。”说到这儿，他也跟着叹了一口气：“真是悲哀。”

没错，无知是最大的悲哀，正如法国作家阿尔贝·加缪在小说《鼠疫》中写过的那段文字——“世上的罪恶差不多总是由愚昧无知造成的。没有见识的善良愿望会同罪恶带来同样多的损害。”

## 用一生去努力，只为了弥补自身的缺陷

这天中午十二点，叶思雨准时来到书店，只不过今日的她不同以往，刚到书店，她就坐到了椅子上，拿起手机津津有味地看了起来，以至于王子轩走到她的身边，她都视而不见。

“玩什么呢？”王子轩俯下身子，看向叶思雨的手机屏幕，“你不是不玩游戏吗？”

“我没有玩游戏，我在看视频。”叶思雨摘下一边的耳机，神神秘秘地道，“一个非常重要的视频。”

“视频有什么稀奇？我曾经也追过剧……”说着，王子轩指向屏幕中站在讲台上，穿着西装，站得笔挺的男人，“他在指手画脚地说些什么？”

“他哪里有指手画脚，他是在即兴演讲。”叶思雨不高兴地嘟起了小嘴巴，还猛地拍了拍桌子，“拜托，不知道不要乱说，胡说八道显得你特别没有文化。”

“我、我只是随口一说，又没有什么恶意，你至于那么情绪化吗？”他自言自语了一句，“而且他说话的时候，的确有很多的手势……”

“我不管，我不许任何人说我表哥！”说着，叶思雨犀利的眼神扫向王子轩，“包括你！”

“你、你表哥？”王子轩咽了咽口水，“视频上的人是你表哥？你表哥是个演员？是个大明星？”

“是我表哥没有错，但我表哥不是演员，他是一个演讲师。”说着，叶思雨拔掉了耳机，“你听，他正在学校做即兴演讲呢！”

叶思雨没有说错，她的确有一个表哥，叫阮晴天，博士生

在读，职业作家，此外他还有一个身份——演讲师。他经常应邀到全国各地的高校进行演讲。这不，叶思雨看的视频正是阮晴天今天上午在某所高校进行的演讲。

看着阮晴天在视频里侃侃而谈，王子轩禁不住惊呼出声："你表哥可真厉害，当着那么多人的面演讲，他竟然一点儿都不紧张，如果换作是我，我恐怕一句话都说不出来，真是人比人，气死人。"

听到这话，叶思雨笑了笑："你有所不知，我表哥以前并不是这样的，他不但没有演讲的天赋，还是一个口吃症患者，说起话来总是结结巴巴的，就像是这样，"她清了清喉咙，模仿道，"你、你、你……你吃、吃、吃饭了、了吗……"

"你在开玩笑吧……"王子轩又看了看视频里的阮晴天，"他现在一点儿都不口吃，而且说话可以用'出口成章'这四个字来形容。"

"都是他后天努力的结果！"叶思雨一字一顿地道，"他上初中的时候，因为口吃的毛病遭到同学们的嘲笑，后来上了高中，又被全班同学孤立。于是，他暗自下定决心，一定要克服口吃的毛病，也因此吃了不少苦头。"

听到这儿的时候，王子轩想要说点儿什么，但又觉得太过于唐突，于是又把话咽到了肚子里。

见王子轩听得津津有味，叶思雨接着道："那个时候，他每天五点起床，对着窗外大声地朗读课文。为了锻炼和陌生人说话的勇气，他主动揽下了买菜的活儿，每天放学之后的第一件事情就是到菜市场买菜，他还时不时帮菜摊的老板吆喝。渐渐地，他口吃的状况改善了很多，可是他还是不满足，为了让自己的口语表达得更加清晰，他每天把石子含在嘴巴里，有的时候口腔里磨出了血泡，他也不放弃。”

“太不可思议了……”王子轩已经不知道用什么词来形容此时此刻心中对阮晴天的敬佩了，“如果你不是他的表妹，如果不是亲耳听你说这些事情，我怎么也想象不到，一个出口成章的演讲师曾经是一个口吃症患者。”

“他不但通过努力克服了自身的缺陷，还写了书，把自己的心得体会告诉给了更多和他一样因为身体缺陷而苦恼的读者，鼓励他们更加自信地走出困境。所以，我的表哥就是我的‘偶像’，我不允许任何人用言语伤害他！”说着，她又看了王子轩一眼，“听到了吗？”

“听到了。”王子轩乖巧地点点头，“有机会，我也看看你表哥写的书。”

“你不是最讨厌看书，一看到字就像是吃了安眠药一样犯困吗？”叶思雨哪壶不开提哪壶。

“这、这是两码事……”王子轩抿了抿唇，只觉得有些难为情。“而且，或许是在书店里待的时间久了，听到的道理多了，我现在也没有那么排斥看书了。”说罢，他指了指柜台上的那本《三国演义》，“虽然看不明白，但我也坚持看了好几天。”

“真的？”叶思雨半信半疑地看向那本《三国演义》，见书中插着书签，的确有被人翻阅过的痕迹，便暂且相信了王子轩的话，“好吧，我相信你，只不过，你可不要三天打鱼，两天晒网，要不，我再也不相信你了！”

“我可没有‘三天打鱼，两天晒网’的习惯，”王子轩边说边走向柜台，“你啊，继续看你的视频，我呢，也继续看我的《三国演义》，这样，你就相信我说的话了。”

时间在流淌，滴答滴答的时钟响声显得分外轻快。王子轩坐在窗前，轻轻地翻阅着手中的书籍，阳光透过玻璃窗，洒在他长长的睫毛上，在他的脸上落下了一小片阴影，在这个瞬间，那个曾经浮躁、桀骜的少年，不见了……

## 存在感太弱，就会被这个世界淘汰

说实在的，王子轩虽然外表出众，气质也很独特，走在路上，偶尔也会有人多瞄他几眼，偷拍他几张照片，但是自始至终，他都认为自己是一个平凡得不能再平凡的男生。他没有想到，方良的出现，在他平淡无奇的生活中描下了重重的一笔……

这天早上，王子轩和平常一样来到书店，殊不知他刚将门推开，就有五六个小女生一窝蜂地闯了进来。她们你推我我推你，即刻就把王子轩包围在中间，其中有一个短发女生把手上的签名纸举得高高的，嘴巴里喊着：“请给我签个名吧！”

突如其来的示好，让王子轩顿时有些手足无措。“喂！你们是谁，想要做什么？”他边说边后退，“我又不是明星，签什么名！”

“你在我的心中就是大明星！”那个女生一脸的“花痴”相，“从今天开始，你就是我的‘偶像’了！”

“什么乱七八糟的！”王子轩手一推，一把推开了对面凑上前来的女生。借此时机，他急忙钻进了柜台，顺手拿起了那本《三国演义》，比画了两下：“你们不要过来，我想，你们一定是认错人了。”

“王子轩，男，十五岁，身高一米八，体重七十公斤。”只听另一个脸上长着些许雀斑的女生接过话，“我们才不会认错呢！”

“谁能告诉我到底是怎么一回事？”王子轩只觉得自己一个

头两个大，“你们怎么会认识我？”

“难道你不知道吗？”另外一个扎着丸子头的女生歪了歪脑袋，“服装设计师方良在他的微博放了你的照片，还写了关于你的故事呢！我们根据故事中提到的‘书店’找了过来。”说着，她拿出手机举到了王子轩的眼前：“不信你自己看！”

手机屏幕的微博界面上，的的确确有王子轩那天在摄影棚里拍摄的照片。不但如此，照片下的评论已经突破了五千条，着实吓了王子轩一跳。“我从来都不玩微博，所以我根本就不知道这回事！”说罢，他做出了“拜托”的手势，“拜托你们，千万不要告诉别人我在这里，要不然，我的生活就会被全部打乱！”

只是王子轩的话还没有说完，另外两个慕名而来的女生走了进来，她们见王子轩正盯着她们看，禁不住叫出了声：“天啊！你本人比照片上还要帅气！”

“怎么会这样……”此时此刻，王子轩真想找个地缝钻进去。如果他早知道事情会发展成这样，他一定不会答应方良的请求！只是事已至此，早已经没有了回旋的余地，无奈之下，他只能见招拆招，硬着头皮道：“好，我答应给你们签名，但是你们谁都不许告诉其他人我在这里。”

一上午的时间过去了，王子轩终于把“粉丝”们打发走了。见况，刚刚来到书店的叶思雨幸灾乐祸地道：“当明星的滋味怎么样？是不是感觉很不错？”

“你就别火上浇油了。”王子轩闷闷不乐地嘟起嘴，“早知如此，我今天就不来了。”

“有什么不好？”叶思雨道，“刚刚我来的时候，一个女生一下子买了十本书呢！我猜，今天一上午，你卖出去的书一定比往常一天的总和还要多吧？”

“这倒是真的，”王子轩翻了翻账本，大概算了一下，“卖出去了大概五六十本书……”说到这儿，他为难地皱起眉头，“只是，我不喜欢别人像看大熊猫一样地围着我看。而且我也想不明白，我一直都长这样，为什么以前没有人关注我，反而因为几张照片，无缘无故多了那么多‘粉丝’？”

“那是因为以前你不喜欢表现自己。”叶思雨直言快语，“你总是沉浸在自己的世界里，就好像包裹着一层厚厚的壳，平日里不苟言笑，有的时候对人爱答不理，所以别人很少会注意到你，或是尝试着接近你。”

“我的性格比较沉闷，也不喜欢交朋友。”王子轩实话实说，“我从小就这样，不争不抢，不闻不问，我觉得这样很好。”

“或许现在的你会这样想，但是当你真正长大成人之后，就不会这么想了。”叶思雨提醒道。

“为什么？”王子轩追问。

“因为，你步入社会之后，如果依旧是‘两耳不闻窗外事’的心态，那么你就会失去很多朋友，错失很多证明自己的机会，当你没有存在感时，你就会被对手超越，被这个社会淘汰。”叶思雨又补充了一句，“听起来很残酷，但是却很现实。”

“你不一样也是一个初中生？”王子轩撇撇嘴，嘀咕了一句，“不懂装懂……”

“我才没有不懂装懂呢，不信的话，你回家问问你的家人。”叶思雨道，“我亲眼看到我的妈妈为了争取升职的机会，每天在书房工作到凌晨，她之所以这么努力，就是希望可以在工作中好好表现，获得领导的青睐。当时有五个人一起争取这个位置，结果呢？最终还是我妈妈争取到了。”

“这是两回事。”王子轩摆摆手，“工作是工作，生活是生活。”

“在我看来，工作和生活都一样，如果你没有过人的长处，不擅于表现自己的优势，就会被社会淘汰。”叶思雨看着王子轩说，“不管你承认不承认，事实就是如此。而且我劝你，以后多和外界沟通，多交几个朋友，而不是故步自封，沉浸在游戏的世界里，这样对你没有好处。”

“好好好，我知道了。”王子轩做出了“求饶”的手势，“现在我才发现，你比那些‘粉丝’还要难缠。”

“知道就好！”叶思雨得意扬扬地抬起头，紧接着把早就准备好的本子递给了王子轩，“闲着也是闲着，不如也给我签个名吧！”

“喂！”王子轩有气没地方撒，干脆耍起了小孩脾气，“不签！”

“你要一视同仁。”说着，叶思雨摇了摇手上的手机，“如果你不签，我现在就去方良的微博下留言，公开书店的地址！”

“别！”王子轩急忙接过本子，“我签，签还不行吗？”

“这就对了。”计谋得逞的叶思雨调皮地吐了吐舌头，笑出了声。

小小的书店里，少男少女停止了你一言我一语的斗嘴，气氛变得前所未有的和谐。只是他们还不知道，这个世界充满了很多神奇的事情，更加值得回忆的事情还在后面呢……

## 不要因为他人的质疑否定自己

时光如白驹过隙，转瞬即逝。一眨眼的工夫，王子轩打理书店已经二十天了。这二十天里，他慢慢放下了戒备，和许清风、姚娜、叶思雨等人成了无话不谈的好朋友。

这天晚上五点钟，王子轩像往常一样在书桌上放上了一杯凉白开，静静地等待着姚娜的到来。可是不知道发生了什么事，平日里即使刮风下雨也要准时来书店的姚娜，竟然迟迟没有现身。

“已经五点二十分了，”许清风看着钟表，问王子轩，“姚娜姐怎么还不来？”

“不知道。”王子轩摇摇头，看向玻璃窗外，“她该不会是有事不来了吧？”

“不可能。”许清风斩钉截铁地道。“她昨晚临走前还和我说‘明天见’，而且，我刚刚给她打电话一直提示‘无人接听’。”说着，他皱起了眉头，“姚娜姐她，她该不会是出了什么事吧……”

“乌鸦嘴……”王子轩撇撇嘴，“光天化日之下，能出什么事？即便是有事，也是工作上的事。”说罢，他摆摆手：“你就不要胡思乱想、杞人忧天了，她肯定又为了同事的工作加班了。”

王子轩嘴上说得轻松，但这句话听到许清风的耳朵里，却没什么安慰作用。他只觉得自己心里七上八下的，强烈的第六感告诉他，姚娜绝对不可能无缘无故不来书店！“不行！你在这里等着，我出去找找看。”说着，他穿上外套，头也不回地走出了书店。

姚娜所在的公司距离书店的直线距离不到五百米，可许清风一路找过去，都没有发现她的身影，直至他快步来到姚娜公司楼下，发现公司大门紧锁，这才意识到了问题的严重性。

“姚娜不在公司……”许清风喃喃自语，“她没有去书店，还能去哪里呢……”就在这个时候，他隐隐约约地听到不远的地方有哭声，他猛地转过身子，看向后门的方向：“谁？”

哭声戛然而止，取而代之的是一个略带颤抖的声音：“许清风？”

“姚娜姐？”许清风倒吸了一口凉气，“你怎么一个人待在这里？发生了什么事情？”

“没什么……”姚娜抹了抹眼泪，强颜欢笑道，“心情不好，想一个人静一静。”

“认识你这么久了，还是第一次从你的嘴巴里听到‘心情不好’这几个字。”说着，许清风大步流星地走上前，“哭解决不了问题，说吧，到底发生了什么事？说不定我可以帮你。”

“你帮不了我的，”姚娜喃喃道，“因为就连我自己都帮不了自己……”

“难不成是工作上的事？”许清风猜测道，“又被老板批评了？还是你的同事又欺负你了？”

“都不是。”姚娜垂下眼帘，摇摇头，“我已经过了实习期，可是公司迟迟不给我转正。我问了领导，领导说我的业绩不合格，还需要继续实习考察，说不定……说不定我通不过实习期……”

“不会的，你那么努力，还积极地帮助你的同事，经常加班到半夜，怎么会通不过实习期呢？”许清风宽慰道，“我猜，一定是你的领导故意出难题考验你呢！你可千万不要在关键的时刻气馁！”

“以前的我非常自信，也非常相信自己的能力，可是现实告诉我，一直都是我孤芳自赏，自欺欺人罢了。”说到这儿，姚娜苦笑了一声，“我想，以前的我不是自信，而是盲目的自负，我虽然每天都在看书，但其实我并没有想象中那么努力。”

“你想太多了……”许清风拉长了尾音，“你的努力大家都有目共睹，而且我认为，现在你自暴自弃的状态，是妄自菲薄！”

“可是……可是……”姚娜支支吾吾地说出口，“可是领导为什么看不到我的努力呢？如果他看到了，就不可能不给我转正，还说那么多难听的话了……”

“努力不是给任何人看的，而是为了让自己问心无愧。”许清风接过话。“你要相信你自己，而不是因为他人的质疑否定自己，自己怀疑自己，这是对自己不负责任的一种表现。”说到这儿，他顿了顿，“难道，你真的甘心从此以后放弃努力吗？”

“不、不甘心……”姚娜怯怯地道，“我还没有实现我的梦想，我还没有看完所有有关经济学和金融学的书，我、我还没有转正……”

“所以，千万不要妄自菲薄，自惭形秽。”许清风放慢了语速，“更何况，在大家的心里，你一直都是一个积极努力，有能力、有目标的人。我相信，你的领导一定会看到你的闪光点，早日给你转正的。”

“真的？”姚娜缓缓抬起头，止住了哽咽，“我现在对自己一点儿自信都没有，总觉得自己做什么领导都不满意……”

“不要想太多，做好你自己，该工作的时候工作，该学习的时候学习，最重要的是要对自己保持自信，相信自己能够做好，并朝着正确的方向去努力。”许清风笑了笑，“更何况，你原本就是一个很优秀的人啊！”

没错，不要因为他人的质疑而否定你自己，你只管做对的事，剩下的全部交给时间。

## 只要不欺骗自己，时光就不会辜负你

在许清风的安慰下，姚娜渐渐冷静了下来，脸上也慢慢浮现出了一丝笑容。“谢谢你，”她看向许清风，竟觉得有些不好意思，“仔细想一想，只不过是没有得到老板的肯定而已，也不是什么大事。”

“就是，你还那么年轻，有的是机会证明自己的实力。”只是许清风的话还没说完，就听到不远的地方传来了求救声，他即刻竖起耳朵，转头看向姚娜，“你……有没有听到什么？”

“好像听到了……”姚娜做了一个嘘的手势，“你听，真的有人在喊‘快来救人’！”意识到大事不妙，两个人急忙朝着声音的发出地跑去。只见在人来人往的天桥上，一个女生坐在高高的护栏上，她背着双肩包，单薄的身子随着风左摇右摆，看起来随时都会掉下去，而天桥的四周，已经聚集了十几个围观的人。

“天啊！有人要轻生！”许清风还是第一次遇到这种情况，他不顾姚娜的阻拦，火急火燎地冲了过去，仰着头对背对着他的女生道：“喂！你千万别想不开，没有什么事情是解决不了的！”

“就是！”站在最前面的一个中年男士附和道，“你还这么年轻，未来的路还很长，千万不要冲动啊！”

见坐在护栏上的女子还是无动于衷，许清风拿出手机，急忙拨打“110”，可就在这时，女生忽然开口：“你们不用劝我，也不用安慰我，因为我根本就没有轻生的打算，看热闹的人，都散了吧……”

始料未及的回答让在场所有的人一愣，见况，许清风急忙接过话：“你现在的处境非常危险，你的四周没有任何防护措施，如果一个不小心……”他顿了顿，又说，“我劝你还是不要拿自己的生命开玩笑。”

“我只想要看一看风景而已，”女生侧过头，露出了那张略带忧郁的脸，“这里的风景很不错。”

“看风景？”姚娜戳了戳许清风的肩，然后指了指自己的脑袋，“她爬到那么高的地方看风景，是不是‘这儿’有点儿问题？”

“我看不像。”许清风想了想。“她应该和刚刚的你一样，因为遇到了难题，一时之间想不开。”说着，他壮着胆子上前一步，冲着女生高喊道，“你有什么烦恼可以和我说，当着这么多人的面，我向你发誓，我保证帮你解决问题！但前提是你必须从那里下来，太危险了！”

“你？帮我？”女生似乎听到了一个笑话，“怎么帮？”

“只有知道发生了什么，我才能想出解决问题的方法。”说完这句话，他深吸了一口气，“请相信我！”

就这样，女生在众目睽睽之下，小心翼翼地从栏杆上爬了下来。当她的双脚落地了，围观人群提到嗓子眼的心也放到了肚子里，随之三三两两自行离去。这时，女生对着许清风道：“喂！你刚刚说的话我都听到了，你现在该不会是想跑吧？”

“大丈夫一言既出，驷马难追！”许清风拍了拍胸脯，“无论如何，我都会帮你找到解决问题的方法。如果一个方法不行，那就换一个，我不相信，这个世界上有解决不了的难题。”

似乎是觉得眼前的男生不像是在说谎，她从双肩包里掏出了一叠纸稿。“这是我写的书稿，我一共联系了十七家出版社，可是所有的出版社都把我的稿件退了回来，第十七家出版社拒绝出版的理由是故事不够新颖，对白过于平淡。”说着，她仰起头，“你是想要帮我完成出版的梦想，还是帮我修改稿件呢？”

“我……”许清风抿了抿唇，“我暂时还不知道如何帮助你解决问题，但是我知道诺贝尔文学奖的获得者艾丽斯·芒罗在三十六岁时才出版了她的第一本书，然而她从二十岁就开始写作。”说着，他仔仔细细看了看眼前的女生：“如果我没有猜错，你也就二十岁出头。”

“我二十三岁。”女孩话锋一转，“你知道艾丽斯·芒罗？你也喜欢看书？我看过她的《逃离》。”

“对，”许清风拽了拽站在他身后一声不吭的姚娜，“我们都很喜欢看书，我们每天都会到书店里去看书。”

“那你们有没有想过自己写书？写自己喜欢的故事？”女生试探性地问道。

“没有……”姚娜尴尬地一笑，“从来都没有想过。”

“这样啊……”女生自顾自地说道。“我和你们不一样，我从小就喜欢看书，也很喜欢写故事，最大的梦想就是成为一名作家。在我十七岁那年，我构思了一部作品，并将其写了出来，为了实现自己的梦想，我前前后后一共修改了七遍。”说着，她晃了晃手里的书稿，“可是，至今还没有获得出版社的认可。”

“据我所知，想要出版一部作品并没有想象中那么简单，但这也并不是遥不可及的梦，只要你肯坚持下去，你的梦想一定可以实现的。”说着，许清风想到了叶思雨，“我在书店里认识了一个女孩子，她的表哥是一个博学多才的博士生，不但会演讲，还出版过书籍，如果你需要的话，我可以帮你咨询一下出版书籍的经验。”

“然后呢？他把他的经验传授给我，我的书就可以出版了吗？”女生的口气中带着一丝无奈，“他是他，我是我，我们写的故事不一样，文采也不一样，他能成功，不代表我能成功。”

“谁说的？”姚娜禁不住插言，“我觉得，只要不忘初心，朝着梦想的方向努力，梦想就一定可以变成现实。”说完，她看向许清风道：“对不对？”

“对！”许清风道，“我的梦想是当一名老师，自始至终，我都相信我的梦想一定可以实现。”

“你真乐观。”女生莞尔一笑，露出一对浅浅的酒窝，“我要是有你一半的乐观就好了。”

“我的乐观来源于相信‘只要自己不欺骗自己，时光就不会辜负你’。”说完这句话，许清风笑了笑，“如果当下的现状并不能令你十分满意，并不是因为你没有能力，而是你还不够努力，时间会见证一切，就如同奥地利作家茨威格在书中写的那句话——所有命运馈赠的礼物，都已经在暗中标好了价格。所以你无须困惑，也无须迷茫，你只管向前走，时间会证明一切。”

“只管向前走，时间会证明一切……”女生被这句话深深地触动了，“谢谢你，我知道我该怎么做了！”

“谢、谢什么？”许清风有些受宠若惊，“我什么都没有帮到你。”

“不，你帮我找回了初心。”女生发出了银铃般的笑声，“坚持自己的梦想，这比什么都重要。”

“没错，坚持自己的梦想，比什么都重要。”许清风终于松了一口气，“你叫什么名字，我是说你的笔名。”

“阳光下的猫。”说罢，女生转过身子，潇洒地迈开步子，“你一定要记住哦！”

“我记住了。”许清风对着她的背影道，“到时候，我一定会仔细品读你笔下的故事。”

“一言为定！”

“一言为定。”

夕阳西下，远方清晰的轮廓渐渐消失了，取而代之的是无声无息亮起的万家灯火。当下，风停了，树静了，世界又回归平静……

# 第六章
# 向着太阳，野蛮生长

## 做自己的主角，不要被别人牵着鼻子走

这一天，叶思雨带来了她的好朋友——安心雅。和叶思雨安静、成熟的气质大相径庭，安心雅是一个大大咧咧、不拘小节的女孩子，她仿佛一刻都闲不下来，一会儿看看这个，一会儿看看那个，王子轩对她的第一印象就是她有点儿聒噪。

“喂！那个不能碰！”当下，王子轩一把夺过了安心雅手里的花瓶，“这是我爸从古董市场高价淘来的艺术品，他去北京之前再三嘱咐我，一定不能乱碰。”

“那这个呢？”安心雅又随手拿起了一个茶壶，茶壶的表面有些斑驳，里面还沉淀着少许的茶渍，“这个也是从古董店里高价淘来的艺术品？据我了解，具有现代意义的茶壶始于唐代，这该不会是唐代的茶壶吧？但是唐代的茶壶怎么会留着茶渍呢？你爸不会是被骗了吧！”

“这是我爸的茶壶，”王子轩黑着脸回答。“他一个人在书店的时候喜欢泡茶、喝茶。”说着，他伸出一只手，管安心雅要茶壶，“你看够了吧？”

“没有。”安心雅后退一步，“你想要，我偏不给你，谁让你对我吹胡子瞪眼睛的，我又没惹你……”

“你！”王子轩拿安心雅没辙，只能由她去了。殊不知就在转身的那一刹那，只听哗啦一声响，安心雅一个不小心，把茶壶摔到了地上，陶瓷碎片散落一地，正好有一片砸到了王子轩的脚。

“喂！”王子轩气不打一处来，“我都说了，不要乱碰书店里的东西！现在我再警告你一次，如果你再闯祸，我就把你拉入‘黑名单’！永远都不能踏入书店半步！”

与此同时，听到了响动的叶思雨匆匆赶了过来。“发生了什么事？”她看向一地的陶瓷残片，又看了看用手紧抓着衣摆，一脸心虚的安心雅，顿时明白了个大概，“安心雅，你又闯祸了！”安心雅怯怯地看向王子轩：“你别生气，我不会逃避责任的，我会赔付的……”

“好啊，五百元！”王子轩伸出了一只手，“你给我钱，我现在就去买一个一模一样的。”

“你、你这是狮子大开口！”安心雅虽然犯了错，但口气依旧强硬，“你这是欺诈、勒索！”

“我欺诈、勒索？”王子轩指了指自己的鼻子，“拜托，这个茶壶我爸用了十几年，想买还不一定能买到一模一样的呢，得定做！”

见况，叶思雨做了和事佬：“我知道安心雅有错在先，不应该乱碰书店的东西，但是事情已经发生了，置气也没有用。而且我们都是学生，根本拿不出五百元钱。你看，这件事情咱们能不能再商量商量……”

王子轩一听这话，即刻话锋一转：“好啊，那你们想办法帮我把那箱书处理掉。”他指了指门口的一箱子特价书。“我爸临走前说了，让我想办法把那些特价书卖掉，眼瞅着他就快回来了，可是我才卖了十几本，”他看向安心雅说，“如果你有办法帮我把那些书处理掉，咱俩的恩怨就一笔勾销！”

说实话，王子轩只是想给安心雅一个下马威，让她尝尝他的厉害，可让他没有想到的是，安心雅还真就赶鸭子上架，出门卖书去了！只见她吃力地拖着一箱子书，来到书店的门口，在王子轩和叶思雨诧异的目光下，将书平铺在了马路边，吆喝了起来……

“卖书喽！卖书喽！二十元一本！谁买谁便宜——”

见况，王子轩急忙把安心雅拉到了一边：“喂！你这是在做什么？你不嫌丢人，我还嫌丢人呢！快把书搬回去！”

“我卖我的书，怎么会丢你的人？”安心雅不以为然，“再说了，我都不嫌丢人，你一个大男人嫌什么丢人？要不是我打破了你爸的茶壶，我才懒得帮你卖书呢！”说完这句话，她哼了一声，又跑到马路边卖起了书。

无计可施之下，王子轩走到站在书店门口看热闹的叶思雨身边，皱着眉头道：“喂！你愣着干什么，快去劝劝你的好朋友，她难道是疯了吗？”

“随她去吧。”叶思雨笑了笑，“我太了解她的性格了，雷厉风行，说一不二，她决定要做的事情，没有人能阻挡得了。她的人生格言就是‘做自己的主角’，所以，就算是我劝了也没有用。”

“她太固执了。”王子轩摇了摇头，“我还是第一次见到这样的人。”

“固执？我不觉得，我反而觉得，这是她性格里可爱的一面。”叶思雨想了想道，“有想法，有主见，在做事情的时候全神贯注，不受他人的影响。所以，她无论做什么事情都有始有终。”说到这儿，她顿了顿：“反而是我，我经常会受他人的影响，放弃手头上的事情，所以时间和精力就这样被浪费掉了。”

“就算是有想法，有主见，也不能在书店的门口摆地摊啊！”王子轩急得直跺脚，“万一被邻居看到了，会笑话我的！”

“别想太多，说不定书很快就卖完了。”说着，叶思雨看向安心雅的方向，“你看，客人已经上门了！”

叶思雨没有说谎，当下，已经有四五个客人围在小小的书摊前精心挑选起来。见况，安心雅一会儿拿起这本书，一会儿又拿起那本书，滔滔不绝地介绍着，见客人有购买意向，她急忙指了指身后的书店，热情地道：“书店里还有很多好书呢！买不买没关系，您可以进去看一看！”

就这样，客人陆陆续续地进门，小小的书店又变得热闹起来了。

## 梦想的力量，无可取代

还记得那个因为事业不顺而酗酒的陆晨吗？真是士别三日，当刮目相看。几日的工夫，他就像是变了一个人一样——不再酗酒，整个人变得精神抖擞，以至于当他再一次踏入书店的时候，吓了王子轩和许清风一大跳。

“你……你是陆晨？”王子轩指了指对面的马路，“那个摄影师？”

“没错，是我。”陆晨笑起来，露出了八颗洁白的牙，“怎么，不认识我了？”

“那天的你邋里邋遢，络腮胡长满了半边脸，眼神也很飘忽……”说到这儿，王子轩看了看陆晨自信的脸，“可是今天的你不但形象上与之前大不相同，整个人气质都变得不一样了。”说着，他拉了拉许清风：“你倒是说句话啊！”

“对！对！”许清风放下书，缓过了神，“如果你不做自我介绍，我还以为你是普通的客人呢！”

听到这儿，陆晨笑出了声。“这次来书店，是专程来感谢你们的。”说着，他打开了手机的界面，“你们看，我最新拍摄的这组照片刚刚投稿就通过了杂志社的审核，杂志社的编辑看了我近期的照片，当下就邀请我做他们专栏的摄影师。”

“这岂不是一个天大的好消息？”许清风只觉得惊喜来得太突然，“上一次我们遇见你的时候，你还自暴自弃，妄自菲薄。没想到才几天的工夫，你就成为专栏的摄影师了！恭喜恭喜！”

“都是托你们的福。”陆晨谦虚地道。“那段日子真的很难熬，但自从遇到了你们，我就觉得我的生命中嵌入了一束光，那束光点亮了我失落的灵魂，让我重新振作了起来。于是，我报名参加了短期的摄影培训，从基础学起，重建自己的审美，这才让照片变得不一样了。”他郑重其事地又说，“对不起，我说的是不是太夸张了？”

“虽然有点儿夸张，但我们相信你的感受是真实的。”许清风接过话，“好在，一切都在朝着好的方向发展。我相信，专栏摄影师仅仅是开始，你的大好前途还在后面呢！只是我想要告诉你，你今天得到的成功，和我们没有任何关系，真正让你涅槃重生的是你对梦想的热爱，是你自己的努力。”

“一切都是梦想的力量。”王子轩忽然脱口而出，霎时，他的眼睛一亮，“梦想真的很伟大！”

“你才知道？”许清风努努嘴，“我早就提醒过你，人需要有一个梦想，不然和行尸走肉没有任何区别。”说着，他拍了拍陆晨的肩：“陆大哥，我说的没有错吧？”

“对，人都要有一个梦想，因为梦想的力量无可取代。”说着，他对着王子轩和许清风深深地鞠了一躬，“无论如何，我都要感谢你们，谢谢。”

陆晨走后，王子轩陷入了沉思。见况，许清风移步至他的身边：“嘿！想什么呢？还在想陆大哥的事？”

“没有，我在想我自己。”王子轩一五一十地道，“我在想，我是时候寻找属于自己的梦想了，或是成为一名游戏设计师，或是成为一名职业玩家，总而言之，我应该有点儿目标，有点儿追求。”

“我反而觉得，你很适合做模特。”许清风道，“连方大哥都说了，你很有做模特的潜质，如果你愿意，他立刻就和你签长期的合作协议，这难道不是机会难得吗？”

“又来了……”王子轩翻了一个白眼，“我只是运气好而已，和专业模特比，差得远呢……”

“不试试看怎么知道呢？”许清风想不明白，“如果我是你，我一定不会拒绝的。而且，我并不觉得做模特有什么不好，用自己的形象气质展示服装的特色，把美和时尚传达给消费者，这难道不是一份很有意思的工作吗？”

“可是我……”王子轩欲言又止，“我总觉得没有那么简单。模特这个行业，不是想做就能够做的。”

“三百六十行，各行各业的人都不可能随随便便成功。”许清风一字一顿，“但你不要忘记，梦想的力量是无可取代的，无论你最终做出什么样的选择，只要有目标，有梦想，并采取实际行动，就一定可以成功。”

听到这儿，王子轩不再辩驳。“我知道了。”他对着许清风道，“再给我几天的时间，我一定可以找到属于自己的梦想，到时候我一定第一个告诉你。”

“我相信你。”许清风点点头，“到了那个时候，你的家人也一定会对你刮目相看的。”

## 岁月蹉跎，请记住最初的梦想

今天是安心雅到书店“打卡”的第三天。这三天里，她每天中午都会把特价书摆到书店门口的马路边上，只要一有路人经过，她就热情地凑上前，向对方推荐自认为不错的书籍，没承想这种“笨”方法还挺奏效，一眨眼的工夫，安心雅又卖出去了一本书。

与此同时，一位衣衫褴褛的老人拄着拐杖蹒跚而来，他黝黑的皮肤在一头白色枯发的映衬下显得格外沧桑。他吃力地俯下身子，伸出一只手想要摸一摸书的封皮，但不知道为什么又把手缩了回去。

见况，安心雅凑上前，“老爷爷，”她甜甜地道，“这些都是特价书，二十块一本，喜欢哪一本您可以翻开看看内容。”

“不了，我手脏，而且，我没有多余的二十块钱。”老人嘶哑的嗓音如同冬日里的一阵寒风，让安心雅的身子猛地一颤。

“没关系。”百感交集的安心雅笑了笑，“看书不花钱，您可以随便看，或是到书店的阅览区坐着看。”

“坐着看？”老人低头看了看自己布鞋上的补丁，“算了吧……”

老人留下这句话，转身就要走。见况，安心雅急忙叫住了他。“老爷爷，”她让出了自己的小椅子，“如果您不介意的话，您可以坐在这里，刚好我一个人，您也可以陪我聊聊天、说说话。”

安心雅是出了名的伶牙俐齿，三言两语就把老人留了下来。当下，老人坐在小椅子上，小心翼翼地翻开了一本有关建筑学的书籍，目不转睛地看了起来，看到关键处，他还俯下身子呢喃出声：“建筑设计往往分为建筑地点、建筑类型以及建筑造价……”

竖着耳朵的安心雅听得云里雾里，干脆开门见山地问道：“老爷爷，您在嘀咕些什么？还有，您为什么喜欢看这么深奥的书？”

“我曾经的梦想是当一名建筑师。”老人侃侃而谈，“可是当时，家里的条件并不能支持我完成梦想，我边打工边自学，可惜最后还是连一本书都买不起，迫于无奈，我放弃了自己的梦想。”说到这儿，他尴尬地笑出了声：“只是直到现在，我依旧没有忘记我的梦想，即使穷困潦倒，靠捡废品为生，我也想要继续学习专业知识。”

“这样啊……”安心雅总觉得心里头不是滋味，她转移了话题，宽慰道，“如果您喜欢看书，那欢迎您常来。”

“我喜欢看书，但是我一辈子都没有接受正统教育，这辈子都无法实现我的梦想了。”说这话的时候，老人的眼神暗淡了几分，“当一栋栋高楼大厦在我的眼前拔地而起的时候，我多么渴望有朝一日，我也能够成为一名建筑师……”

“无论是客观原因还是自身原因，并不是所有人最终都会实现自己的梦想。”安心雅想了想道，“但我佩服您，佩服您从始至终都不忘初心，铭记自己最初的梦想。”说着，她站起身，留下了一句“您稍等一下，我去去就来。”就一溜烟儿地跑回了书店。

与此同时，早就注意到了异状的王子轩借机问道：“那个老人……什么情况？”

“他是一个靠捡废品为生的老爷爷，”安心雅一五一十地回答，“他手头紧张，没钱买书，所以我想送给他一本书……”她怯怯地问王子轩，“但我身上没有钱，我先欠着，可以吗？”

“欠着？”王子轩还是第一次听到有人买书“欠钱”的。“不行。”他果断地摆了摆手，“万一我明天找不到你怎么办？”

“还有我呢。”叶思雨走了过来，随之，她啪的一声将十元钞票拍在了柜台上，“我先付一半，另一半明天给你。”

“付一半？”王子轩险些笑出了声。“我也是第一次看见有人这么买书的。”说着，他把十元钱还给了叶思雨，“算了算了，反正都是特价书，老人喜欢哪本，拿去就是了。如果我斤斤计较，是不是显得我太小气了？”

“真的？”王子轩出人意料的态度让安心雅和叶思雨吃了一惊。“真的可以吗？你的爸爸不会骂你吗？”叶思雨问道。

“不会，这是做好事，他怎么会骂我呢？”说着，王子轩对着安心雅道，“快把老人请进来吧！喝杯水，吹吹空调，外面太阳底下太热了，小心老人的身体吃不消。”

“好的！”安心雅难掩心中的愉悦，干脆对着王子轩鞠了一躬，“谢谢你。”

后来，倔强的老人始终没有踏入书店半步，但是在安心雅的坚持下，他收下了那本他只读了五页的书。“谢谢你，谢谢你们，”老人的眼底含着泪水，“我一定会好好地收藏起来。”

“不客气，”安心雅莞尔一笑，“欢迎您常来。”

望着老人步履蹒跚的背影，站在玻璃窗内的王子轩不知不觉地红了眼眶。梦想，多么伟大的一个词！它是这个世界上能够让人铭记一辈子的东西，无论实现它的可能性有多大，它就在那里，支撑着人们向前走……

## 梦想不会一蹴而就，学会在等待中寻找希望

王子轩已经好几日没有见到孙智强了。这天晚上，他刚对妈妈念叨着要去找孙智强“算账”，结果，说曹操，曹操就到，孙智强自己找上门来了，只是他开口的第一句话却是：“我是来向你道别的。”

“你要搬家了？”这是王子轩的第一反应,“你要搬去哪里？转到哪所学校？为什么这么突然？”

面对王子轩一连提出的三个问题，孙智强笑了笑：“都不是。我被剑桥大学破格录取了，今天下午才收到录取通知书，所以我这几天就要去英国了，可能短期内不能回国和你见面了。”

“剑、剑桥大学？”王子轩虽然不是“学霸”，但是他知道剑桥大学是世界顶尖的学校，在近年 QS 世界大学排名中，它一直稳居世界前五！能够被剑桥大学录取，在王子轩看来可以说是一件比登天还要难的事情。他猛地甩了甩头：“我该不会是听错了吧！你、你今年开学才读高三呢！”

“其实，去年学校就已经帮我提交资料了，今年的二月份我也参加过面试，”孙智强一脸的云淡风轻，就像是在说着别人的事，“只是希望渺茫，我没有百分之百的把握，所以我谁都没有说。”

“太、太突然了……”王子轩只觉得自己的大脑嗡的一声变成了一片空白，“就像是在做梦……”

“收到录取通知书的时候，我也觉得自己在做梦。毕竟，我正在积极地准备高考，也一直在考虑国内的几所名校，我也没有想到，惊喜会来得这么突然。”说着，他对王子轩道，“虽

然我的梦想实现了，但同时，还真有点儿舍不得你。”

“舍得舍不得都要舍得！”王子轩有些受宠若惊，“智强哥，那我岂不是可以和别人炫耀，我最好的朋友被剑桥大学破格录取了？”

“别！”孙智强立刻制止，“我已经在电话中拒绝了两家记者的采访了，我不希望这件事情家喻户晓。”说着，他拍了拍王子轩的肩：“我要走了，我希望等我回国的时候，可以看到有理想、有追求、不再沉迷游戏的你。”

“我、我现在已经很少玩游戏了，”王子轩撇撇嘴，“不信的话，你可以问我妈，她在书房看书呢。”说着，他就转过身子准备叫妈妈出来为他作证。

见况，孙智强急忙捂住了王子轩的嘴，“信！我相信你，不要打扰王阿姨看书了。”他一如既往地露出了明朗的笑容，“那么，以后再见了！”

晚餐的时候，王子轩把孙智强被剑桥大学破格录取的事情告诉了妈妈，可谁知她倒是不意外，还说：“孙智强在国际奥林匹克竞赛中获过奖，高一那年就考过了雅思，所以他被剑桥大学破格录取，我一点儿都不觉得稀奇。”

“智强哥有那么厉害？”王子轩露出了不可思议的表情，“我怎么不知道？”

“你啊，只知道关心你的游戏。”王妈妈道，“如果你知道孙智强在学习上有多努力，你也不会觉得稀奇了。”

“怪不得我之前约他登山，他总和我说‘没时间’，原来，他都是在学习。”王子轩看着王妈妈说，“我现在终于明白了那句话——所有的梦想都不能一蹴而就，人之所以能够实现梦想，都是有原因的。”

面对王子轩难得的感慨，王妈妈放下了筷子：“这句话从你的嘴巴里说出来，还真有点儿稀奇。”

“拜托，智强哥被剑桥大学破格录取，这么大的事情您都不觉得稀奇，我只说了几个字，您就觉得稀奇了？”王子轩撇撇嘴，吐出四个字，“莫名其妙……”

“一个是情理之中，一个是意料之外，你说哪个稀奇？”王妈妈憋住笑，“好了，无论如何，你知道了‘梦想不能一蹴而就’这个道理，就值得庆祝。”说罢，她举起玻璃杯：“为你的成长，干杯。”

“不至于吧……”王子轩举杯也不是，不举杯也不是，最后干脆将杯中的水一饮而尽，“妈，其实我懂的道理比您想象中要多，我早就不是小孩子了。”

“比如？”王妈妈歪着头问道。

“比如，梦想不但不能一蹴而就，还要在追梦的过程中学会等待，学会寻找希望。”王子轩一本正经地道，“我在书店里遇到了很多喜欢读书，同时也在为梦想而拼搏的人，在他们的身上，我看到、学到了很多。”

“那你呢？”王妈妈又问，“你找到属于自己的梦想了吗？”

“我……”王子轩啧了一声，看起来有点儿纠结，“叶思雨建议我当一名游戏设计师，许清风鼓励我成为专业的模特。”他认真地询问王妈妈的意见：“您觉得哪一个职业更加适合我呢？”

“你问我？”王妈妈哭笑不得地道，“这是你的梦想，不是我的梦想，我不可能帮你决定你的人生。”

“那……我还是接着考虑考虑吧。”王子轩道，“我答应了许清风，在我爸回来之前，我一定会找到属于自己的梦想。”

“我相信你。”王妈妈咧嘴一笑，“当你找到了属于你的梦想，我一定会为你感到自豪的。”

## 唯有不断成长，才能渐渐成熟

最近的这段日子，王子轩想通了很多事，也对自己进行了深刻的反思。他渐渐觉得，过去的自己浪费了太多的时间，他想，如果他把玩游戏的时间充分利用起来，去做一些有意义的事情，自己的生活会变得与众不同。

只是想归这么想，在翻了几页书后，耐不住性子的王子轩还是把书丢到一边，毅然决然地开启了电脑。殊不知刚一登录游戏账号，一条信息就发送了过来：“嘿！我等了你两个小时，你终于来了！”

小不懂？王子轩揉了揉眼睛，还以为自己看错了：“你不是不玩游戏了吗？”

“我只是说我暂时不玩游戏，又没有说一辈子都不玩游戏了。”小不懂发送了一个“微笑”的表情，“二十多天没有和你联系，还别说，真挺想和你一起玩游戏的。”

“我也想和你一起玩游戏。”王子轩禁不住吐槽道，“自从你不玩游戏之后，我换了四五个搭档，他们不但技术差，还不懂得配合，害得我一直输。”他叹了一口气，继续发信息：“真怀念当初我们一起玩游戏的那段过往，那真是‘打遍天下无敌手’。”

“哈哈哈……我可没有你说的那么厉害。”小不懂传来了一个“尴尬”的表情，“只不过今天我上线，并不是来找你玩游戏的，而是想要和你分享我最近的心得。”

“刚好，我今天也不想玩游戏。”王子轩问道，“这二十多天，你都做了什么？”

“除了上补习班，还是上补习班。”小不懂道，“开始的时候，我非常不习惯如此紧凑的学习计划，可是我妈妈和我说，既然你下定决心要改变自己，就要承受前所未有的学习压力。于是我接受了现状，坚持了下来，我发现当我全心投入到学习中时，学习竟然没有我想象的那么难了。”

“真的假的？”王子轩像是在听故事，“一想到学习，我的大脑就一片空白，总是犯困。”

“都是你的排斥心在作祟。”小不懂侃侃而谈，“我以前和你一样，一想到‘学习’这两个字就头疼，我的学习成绩也一直处在班级的中下游。可是当我接受了学习，不再排斥学习的时候，一切都变得不一样了。”

“看书也是一样吗？”王子轩问道，“我现在每天都待在书店里，有的时候想要看看书，可是翻开没几页就失去耐心了。刚刚也是一样，我做了很长时间的心理建设，打算利用十天的时间读完一本书，可没坚持十分钟，我就放弃了。”

“差不多吧，”小不懂想了想，“兴趣是最好的老师，你对读书和学习没有兴趣，自然就没有读书和学习的欲望。你要尝试着转变自己的心态，比如看一本书，你不要为了看书而看书，而是要全身心地投入到故事情节中去，把自己想象成故事的主人公。这样一来，你的心情就会随着故事跌宕起伏，自然也就看得津津有味了。”

“听你这么一说，我好像确实用错了方法。”王子轩道，“我确实是为了读书而读书，囫囵吞枣地看了几页，都不知自己看了些什么。”

“所以，你要端正读书和学习的态度，当你真正热爱上了这件事情，你会发现生活会因此精彩很多。”说到这儿，小不懂发送了一个“害羞”的表情，“以前我一看到书就头疼，现在，我一天不读书，就觉得少了点儿什么，你说奇怪不奇怪？”

“是挺奇怪的。”明知道电脑那头的小不懂看不见，王子轩还是自顾自地点点头，“真的想象不到，这种翻天覆地的改变会发生在我认识的人身上，现在的你和以前的你截然不同，变得成熟多了。”

“人，不就是越成长越成熟吗？”小不懂感慨地道，“如果一个人年龄在增长，但心智还是不成熟，岂不是很可怕？”

“说的也是，我们虽然还是初中生，但也应该为了未来多考虑考虑，不能再那么贪玩了。”王子轩一五一十地道，“不瞒你说，自从我帮助我爸打理书店后，我的想法也变得不一样了，我看到那么多优秀的人还在为了生活而努力学习，我就觉得心里不是滋味。”

“所以，你也应该成熟一点儿了，兴趣丰富一点儿，”小不懂道，“不要像以前的我一样，只喜欢粉色，只喜欢连衣裙，现在的我，无论什么颜色，无论衣服是什么款式，我都可以欣然接受了。”

看到这儿，王子轩一愣。“等等，连衣裙？”他打了一连串的问号，“你、你难道是女孩子？”

“对啊，”小不懂不以为意地道，“怎么了？”

“天啊！我、我一直以为你是男孩子呢！你的声音听起来就像一个男生！而且，你的梦想不是当警察吗？”王子轩顿了顿，“你为什么不早和我说你是一个女生？”

“你从来都没有问过我这件事情啊！”小不懂打字道，“再说了，女生和男生有什么区别吗？女生就不能当警察吗？”

“这……”王子轩只觉得自己的脸在发烫，“如果我知道你是女生，我就不和你说这么多了。”

“可是该说的不该说的，你都说了。”小不懂发送了一个“嬉笑”的表情，以表示她当下的“幸灾乐祸”，只是话已至此，她忽然觉得有点儿不对劲，“你刚刚说什么？你说我的声音像男生？”

“我……”王子轩百口莫辩，急忙转移了话题，“算了算了，不管你是男生还是女生，总而言之，和你玩游戏很开心，也谢谢你专程告诉我你这二十天的改变，我从你的身上也学到了很多道理。”

“既然如此，那我就原谅你了！”然后，小不懂发送了一个“犯困”的表情，“时间不早了，我要去看书了，要不然，今天又要熬夜了。晚安！”

“好，那我也看一会儿书。”说着，王子轩发送了“再见”的表情，霎时，小不懂的头像变成了灰色，王子轩编辑的那一句“晚安”迟迟没有发送出去。

这个晚上，王子轩翻来覆去怎么也睡不着。他很难想象，原来自己最喜欢的游戏搭档竟然是一个女生，他更想象不到，一个人竟然会在二十多天的时间里发生翻天覆地的变化。看来，人总是会在成长中变得更加成熟的，而他自己，也应该正视这个问题了……

## 曾经的那个“叛逆少年”哪儿去了？

王爸爸为期一个月的学习终于结束了。

晚上九点，王爸爸拖着两个行李箱蹭蹭蹭地进了家门，可不知道是怎么了，客厅的灯虽是亮着的，但客厅里却空无一人。

“这么晚了，人都跑哪去了？”王爸爸边嘀咕，边拨通了王子轩的电话。奇怪的是，王子轩的手机铃声竟然在书房响了起来，紧接着，只听从书房里传来了王子轩的声音：“喂？爸……喂？您怎么不说话……”

电话这头，王爸爸只觉得事情有点儿不大对劲，这么晚了，王子轩躲在书房里做什么？说时迟那时快，他猛地推开了书房的门，与此同时，毫无防备的王子轩吓得一哆嗦，手机差点儿掉在地上。“爸？”他惊奇地叫出了声，“您怎么回来了！您不是明天晚上的航班吗？”

“我记错了时间，干脆将错就错，给你们一个惊喜。”说着，王爸爸言归正传，表情也变得严肃起来了，“你鬼鬼祟祟地躲在书房里做什么？你以前从来都不进书房的！”

“惊喜？我看您是突击检查吧！”王子轩指了指书桌上的那本《三国演义》，“在书房里还能做什么，当然是读书了。这本书越看越有意思，我干脆利用晚上的时间来看。”

“看、看书？”王爸爸还以为自己出现了幻听，“你以前从来都不读书的。”

“我以前没有找到读书的兴趣，但是我现在找到了。”王子轩一本正经的样子不像是在说谎，“而且，我不但看书，我还做了读书笔记。”他拍了拍右手边的小本子，说：“这个本子是姚娜姐送给我的。”

“哦。”还处在震惊中的王爸爸回过神，“你、你不玩游戏了？”

“游戏都是虚拟的，打打杀杀，毫无‘营养’，有什么好玩的？”说完这句话，他撇撇嘴，“而且，玩游戏多浪费时间啊！还不如把时间利用起来，做更有意义的事情。您说对吧？”

“对！对！”王爸爸点点头，“玩游戏确实没有‘营养’，而且很容易对一个人的心智造成影响，让人变得更加贪玩、懒惰。”说罢，他犹犹豫豫地问道：“这些道理都是谁告诉你的？我要去谢谢他。”

“这……”王子轩为难地摇摇头，“这儿听一点儿，那儿听一点儿，以前是左耳进右耳出，现在仔细想一想，道理之所以会成为道理，是因为它确实有一定的道理，于是，我也慢慢认同这些道理了。”

王子轩的话像是一句绕口令，好在心有灵犀的王爸爸听懂了。他哈哈一笑：“我学成归来，你终于可以休息了，明天早上，你睡个懒觉，我去书店。”

“不！”王子轩连想都没想就急忙拒绝了，“爸，趁着暑假还没有结束，还是我去书店吧，而且……”他顿了顿，“我答应了姚娜姐，晚上和她一起看书的，我不想食言。”

出乎意料的回答让王爸爸一愣，他心想，眼前的王子轩还是曾经那个顽劣的少年吗？真是一月不见，当刮目相看。“好吧！”他摆摆手，“书店继续交给你来打理，但是你要向我保证，一定不能偷懒哦！”

王子轩没有偷懒，隔日一大早就来到了书店。他先是从里到外将书店的角角落落擦得干干净净，紧接着伸了个懒腰，舒舒服服地坐到了椅子上，看起了那本《三国演义》，就在这时，两个不常来书店的人闯入了他的视线……

“刘青云、陈睿良？”王子轩放下手中的书，“你们怎么在这里？”

“这、这句话应该是我们问你才对吧？”刘青云扶了扶鼻梁上的眼镜，张着嘴巴看着王子轩，“你怎么在这里？你……在看书？”

“这是我爸的书店，”王子轩一五一十地道，“半个暑假都是我在替他打理书店。”

“怪不得你会出现在书店里。”陈睿良嘀咕道，“只是，看到你看书，真是有点儿稀奇，就像是……”

“就像是葫芦藤上结南瓜——听起来都觉得不靠谱！”刘青云接过话，“乍看之下，我还以为我认错人了！”

“拜托，没那么夸张吧……”王子轩难堪地挠了挠头，“我在学校的确不喜欢看书，也不喜欢学习，但那都是过去的事了，现在我觉得读书其实挺有趣的，而且，说不定慢慢地我会喜欢上学习，就像你们一样。”

“那下个学期我们一起去补习班？”陈睿良半开了一个玩笑，“到时候，你可千万不要反悔啊！”

“补习班的事情以后再说。”王子轩笑了笑，话锋一转，“对了，你们来书店是要买书吗？”

一提这一茬，刘青云猛地拍了拍脑袋。“你不说我们都忘了，我们来买钢笔字帖的。”说着，他走向书架，“补习班的老师说我们两个人的字写得太难看了，让我们抓紧时间好好练字。”

“钢笔字帖，在最右边的书架右侧的第三排。”王子轩脱口而出，“一共有五种。”

刘青云与陈睿良你看看我，我看看你，只听陈睿良道：“你怎么知道？”

“我天天待在书店里，当然知道了。”王子轩不以为意地耸耸肩，“你们随便说出一个书名，我都知道大致在什么位置。”

“《物种起源》？”

“第一个书架左侧的第一排。”

“《猎人日记》？”

“第一个书架右侧的第二排。”说着，王子轩歪了歪头，“我真的有那么不值得信任吗？”

“不，我只是觉得不可思议。”刘青云急忙解释道，“你知道吗？我从来没有见过你如此认真地对待一件事情。我不相信也就一个月的工夫，你的变化会这么大！”

“是啊！”陈睿良接过话，“在学校的时候，总觉得你对任何事情都提不起兴趣，人也没有现在这么健谈。”说罢，他补充了一句：“如果不是亲眼所见，我根本就不会相信。”

“我也从来都没有想过，帮助我爸打理书店的这段时间，我的人生观和价值观会发生颠覆性的改变。我不再沉迷于游戏，而是喜欢上了看书和运动，也结识了很多朋友，生活也因此变得充实多了。”

“真替你感到高兴。”刘青云像个小大人一样拍了拍王子轩的肩，“我想，老师和同学们也会大吃一惊的。”

“或许吧。”王子轩笑了笑，“无论如何，我都要和以前那个叛逆的自己说‘再见’了，因为，我终于找到了自己的梦想。”

“你的梦想？”刘青云和陈睿良异口同声，“是什么？”

王子轩拉长了尾音：“秘密！”

## 你好！追梦人

王子轩没有说谎，就在一个偶然的瞬间，他的的确确明确了自己的梦想，只不过他曾答应过许清风，当目标明确的时候，会将这个好消息第一个传达给他。于是这天下午，他神神秘秘地把许清风拉到一边：“你有没有听说过兴趣策划师这个职业？”

“兴趣策划师？”许清风一头雾水，“我只听过城市规划师、职业规划师、游戏策划师，还从来没有听说过兴趣策划师。”

“我也是偶然间在网络上了解到这个新兴职业的。”王子轩实话实说，“兴趣策划师会根据客户的性格特征、特长爱好，为客户定制兴趣方面的培养计划，从而帮助他们找到属于自己的梦想。”说到这儿，他补充了一句：“与其叫兴趣策划师，还不如叫梦想策划师。”

听到这儿，许清风恍然大悟：“你的意思是说，你既不想当游戏设计师，也不想当模特，你想挑战新兴职业——兴趣策划师？”

“是不是太过于勉强？”当下的王子轩只觉得有点儿尴尬，“和你们相处的这段日子里，我发现你们的兴趣和梦想都是有一定关联的，所以你们可以轻而易举地明确自己的目标和梦想。但在这个世界上，也有很多人像我一样迷茫，他们对生活中的事情提不起兴趣，不知道未来要做些什么，所以我想要帮助他们结合自身的特点培养兴趣爱好，从而帮他们找到人生的目标和梦想。”说到这儿，他顿了顿，又接着道：“我的想法是不是有点儿天马行空，不切实际？”

“不！我觉得你的梦想非常伟大，而且非常实际！”许清风急忙摆摆手，“你千万不要因为我对兴趣策划师这个职业不了解，而否定自己的想法。相反，听你这么一说，我觉得这个职业太重要了！”

“你是说……我可以把兴趣策划师当作自己的目标和梦想？”王子轩试探性地问道。

“当然了。”许清风点点头，“你的人生你自己做主，你的梦想你自己决定，无论是兴趣策划师，还是做模特，抑或是成为游戏设计师，只要是你感兴趣的事情，都可以当作自己的目标和梦想，而梦想就是点亮青春的灯塔，它会引领你走上正确的航道。”

“梦想是点亮青春的灯塔……”王子轩重复着这句话，心中升起了丝丝暖意。霎时，他抬起头来，眼中含笑，对许清风说道：“清风哥，谢谢你，这段日子以来，你给了我很大的帮助，还有姚娜姐，她虽然是个急性子，有的时候做事情毛毛躁躁，但她也给了我很多的引导和启发……”

殊不知王子轩的话还没有说完，一个熟悉的声音在他的耳后响了起来：“喂！你说谁做事情毛毛躁躁？”

“姚、姚娜姐？”王子轩猛地转过身子，迎上了姚娜气鼓鼓的脸，“你今天怎么这么早就下班了，现在才下午三点钟呢……”

“我本来想要告诉你们一个好消息，可是你们竟然背着我说我的坏话！”姚娜嘟起嘴巴，杏眼一睁，“算了，此地不宜久留，我走了。”

“别啊！”许清风一把拉住了姚娜的包，赔着笑，“断章取义可不是你一贯的作风哦！”他们言归正传：“到底有什么好消息，快告诉我们吧！”

“咳咳！听好了！”姚娜高昂起头，似乎要宣布什么大事，

“我转正了！而且，领导还破例让我做了我们小组的组长！”

“真的假的？”许清风惊叫出声，“你不说是，每个月才有一个转正的名额吗？前几天你还因为这件事郁郁寡欢呢。”

“没办法，谁让我的新方案和领导的想法一拍即合呢？”姚娜毫不谦虚，“是金子总会发光的，这句话是领导在私下里和我说的。”

“没错，是金子总会发光的。”王子轩笑着道，“姚娜姐，恭喜你了。”

“是啊！今天可谓是双喜临门！”许清风打了个响指，“子轩终于突破了自我，勇敢地踏上了人生的新阶段，姚娜姐也通过不懈的努力破茧成蝶，迈向了新的征程。看来，今天晚上我们要好好庆祝庆祝了。”

可这话听到姚娜的耳朵里，就有点儿云里雾里了。“突破了自我，踏上了人生的新阶段？”她看向王子轩，“你们有事瞒着我？”

“我找到了属于自己的梦想，”王子轩没有卖关子，一字一顿地道，“我想当一名兴趣策划师。”

“兴趣策划师？听起来还不错的样子。”这时，姚娜猛地一拍手，话锋一转，“对了，你们知道方良最新设计的运动装获得了最佳创意奖吗？”说着，她迫不及待地打开了微博：“现在网络上一片沸腾，方良的很多粉丝要求你和他一起出席颁奖典礼呢！”

“我？”王子轩难以置信地拿过手机，果不其然，照片中的方良一如既往的潇洒、帅气，而他手里展示的那套运动装，正是王子轩拍摄时穿过的衣服。“他没有和我提起过这件事情，”王子轩嘀咕道，“该不会是我再三拒绝了他的邀请，他生气了吧？”

说曹操，曹操到，王子轩的话音刚落，一个高大的身影出现在众人面前……他穿着白色西装、棕色皮鞋，脸上戴着的还是那副茶色墨镜。见大家都在这儿，方良拍了拍手，开门见山道：“告诉大家一个好消息！”

“你获奖了！”王子轩、许清风和姚娜三个人异口同声。

“你们怎么知道？”方良摘下墨镜，一脸的诧异。

“看。”姚娜递出她的手机，得意扬扬地道，“难道你忘记了，我也是一个‘八卦’的少女吗？”

“‘八卦’确实有一点儿，但‘少女’……”方良瞅了瞅姚娜身穿的黑色职业套装，“我真没看出来……”

“喂！”姚娜双手叉腰，撇撇嘴，“小心我‘取关’你！”

“别、别、别！”方良急忙拱手求饶，“我是开玩笑的。”他清了清喉咙，说明了来意：“既然你们都知道了这件事情，那么我想，你们应该知道我来这里的目的了吧。”他看着王子轩，问道：“你考虑好了吗？”

“什么？”王子轩假装自己听不懂，咽下了因为紧张而分泌的唾液。

“我想邀请你参加媒体见面会和颁奖典礼。”方良没有绕弯子，“没有你的鼎力相助，我是不可能获得最佳创意奖的。而且，记者和粉丝都非常期待你的到来。”说完这句话，他深吸了一口气：“怎么了，这次还是准备拒绝我吗？”

“我……”王子轩虽然已经有了心理准备，但是面对如此艰难的选择，他一时之间还是拿不定主意。

见况，姚娜急忙道：“哎哟！王大少爷，你就别犹豫了，这可是表现自我最好的机会啊！”

“就是！既然你已经下定了决心，决定从头到尾地改变自己，就要尝试着抓住每一个锻炼自己的机会。”说着，许清风推了王子轩一把，“机不可失，时不再来，还愣着做什么？快答应啊！”

“啊？好！”

半推半就中，王子轩答应了方良的请求。这看似只是一个小小的决定，但其实，他迈出的这一小步，就可能是他人生中最重要的一步。没有人知道未来的自己会怎样，但有一点可以肯定：只要抓住每一个证明自己的机会，人就会获得成长，就有机会展翅翱翔。

就如同贫困生许清风、小白领姚娜、摄影师陆晨、服装设计师方良、做梦都想开一间书店的叶思雨、身处异国他乡的孙智强和年过四旬还在追梦的王爸爸，当然，还有不愿意透露真实姓名的小不懂和阳光下的猫……他们中的任何一个都是世界上的普通人，但是平凡的他们却如星星在夜空中闪闪发亮。

追梦的道路上，他们痛过、伤过、哭过、挣扎过，但纵使在最晦暗的那一段时光，他们也没有放弃过！他们用实际行动告诉所有人——永远不要否定自己，在一切没有变美好之前，你唯一要做的事情，就是努力！

坚毅笃定，保持初心。正是无数追梦人的热血，才让这个世界变得绚丽多彩。亲爱的少年，趁着青春年少，为了自己的梦想全力拼搏吧！相信，在梦想的征途中，时光永远都不会老去！